海南建省办经济特区30周年
特　辑

中共海南省委宣传部　编

人民出版社

出 版 前 言

今年是我国改革开放 40 周年，也是海南建省办经济特区 30 周年。2018 年 4 月 13 日，习近平总书记亲自出席庆祝海南建省办经济特区 30 周年大会并发表重要讲话，郑重宣布党中央决定支持海南全岛建设自由贸易区和逐步探索、稳步推进中国特色自由贸易港建设。这是我国扩大对外开放、积极推动经济全球化的重大举措。中共中央国务院同时制定了《关于支持海南全面深化改革开放的指导意见》。

为帮助广大党员干部群众深入学习习近平总书记重要讲话精神和中央指导意见精神，推动海南自贸区自贸港建设，我们特邀中共海南省委宣传部编辑了本书。全书收录了习近平总书记重要讲话、中央指导意见以及中央主要媒体、海南主要媒体刊发的相关重要文章等，是纪念海南建省办经济特区 30 周年、全面推进海南新一轮改革开放的权威读本。

人民出版社

2018 年 5 月

目　　录

在庆祝海南建省办经济特区
30 周年大会上的讲话

（2018 年 4 月 13 日）

习近平

女士们，先生们，同志们：

今年是我国改革开放 40 周年，也是海南建省办经济特区 30 周年。今天，我们在这里隆重集会，庆祝海南建省办经济特区 30 周年，就是要充分肯定经济特区建设的历史功绩，深刻总结经济特区建设的宝贵经验，全面贯彻党的十九大精神和新时代中国特色社会主义思想，在新时代新起点上继续把全面深化改革推向前进，为实现"两个一百年"奋斗目标、实现中华民族伟大复兴的中国梦提供强大动力。

兴办经济特区，是我们党和国家为推进改革开放和社会主义现代化建设作出的重大决策。1978 年 12 月，党的十一届三中全会作出把党和国家工作中心转移到经济建设上来、实行改革开放的历史性决策，动员全党全国各族人民为社会主义现代化建设进行新的长征。这是新中国成立以来我们党和国家历史上具有深远意义的伟大转折。为了推进改革开放和社会主义现代化建设，党中央决定兴办深圳、珠海、汕头、厦门 4 个经济特区，实行特殊政策和灵活措施，发挥对全国改革开放和社会主义现代化建设的重要窗口和示范作用。

1984 年，邓小平同志在视察深圳、珠海、厦门经济特区后提出："我们还要开发海南岛，如果能把海南岛的经济迅速发展起来，那就是很大的胜利。"1987 年，邓小平同志会见外宾时说："我们正在搞一个更大的特区，这就是海南岛经济特区。海南岛和台湾的面积差不多"，"海南岛好好发展起来，是很了不起的"。根据党中央决策，1988 年 4 月，七届全国人大一次会议正式批准设立海南省，划定海南岛为经济特区。从此，海南这个祖国美丽的海岛获得了前所未有的发展机遇，进入了深化改革、扩大开放的历史新阶段。

30 年来，在党中央坚强领导和全国大力支持下，海南经济特区坚持锐意改革，勇于突破传统经济体制束缚，经济社会发展取得了令人瞩目的成绩。1987 年，海南地区生产总值仅有 57.28 亿元，地方财政收入不到 3 个亿。到 2017 年，海南地区生产总值达到 4462.5 亿元，人均地区生产总值 7179 美元，地方一般公共预算收入 674 亿元，地区生产总值、人均生产总值、地方财政收入分别增长 21.8 倍、

14.3 倍、226.8 倍，现代服务业、热带农业、新型工业迅速成长，交通、电力、水利、通信等基础设施日趋完备。改革开放取得重要突破，在农垦体制改革、"多规合一"改革、省直管市县的行政管理体制改革、航权开放等方面走在全国前列。国际交流合作空前扩大，成功举办了 18 届博鳌亚洲论坛年会。在全国率先建设生态省，大气和水体质量保持领先水平。人民生活明显改善，教育、卫生、文化等社会事业加快发展，城乡面貌发生深刻变化。经过 30 年不懈努力，海南已从一个边陲海岛发展成为我国改革开放的重要窗口。

海南经济特区是我国经济特区的一个生动缩影，海南经济特区取得的成就是改革开放以来我国实现历史性变革、取得历史性成就的一个生动缩影。

40 年来，深圳、珠海、汕头、厦门、海南 5 个经济特区不辱使命，在建设中国特色社会主义伟大历史进程中谱写了勇立潮头、开拓进取的壮丽篇章，在体制改革中发挥了"试验田"作用，在对外开放中发挥了重要"窗口"作用，为全国改革开放和社会主义现代化建设作出了重大贡献。

经济特区改革发展事业取得的成就，是党中央坚强领导、悉心指导的结果，是广大建设者开拓进取、奋勇拼搏的结果，是全国人民和四面八方倾力支持、广泛参与的结果。借此机会，我代表党中央、国务院、中央军委，向 900 多万海南人民，向经济特区广大建设者，向所有为经济特区建设作出贡献的同志们，致以热烈的祝贺和诚挚的问候！向各位来宾，向关心和支持经济特区建设的国内外各界人士，表示衷心的感谢！

女士们、先生们、同志们！

海南等经济特区的成功实践，充分证明了党的十一届三中全会以来形成的党的基本理论、基本路线、基本方略是完全正确的，中国特色社会主义道路是实现社会主义现代化、创造人民美好生活的必由之路；充分证明了无论改什么、改到哪一步，都要坚持党的领导，确保党把方向、谋大局、定政策，确保党始终总揽全局、协调各方；充分证明了改革开放是决定当代中国命运的关键抉择，是当代中国发展进步的活力之源，是党和人民事业大踏步赶上时代的重要法宝，是坚持和发展中国特色社会主义、实现中华民族伟大复兴的必由之路；充分证明了党中央关于兴办经济特区的战略决策是完全正确的，在决胜全面建成小康社会、夺取新时代中国特色社会主义伟大胜利的征程上，经济特区不仅要继续办下去，而且要办得更好、办出水平；充分证明了人民是改革的主体，要坚持一切为了人民、一切依靠人民，发挥好广大人民群众的积极性、主动性、创造性，使广大人民群众成为推动改革开放的强大力量。

经过长期努力特别是改革开放 40 年来不懈奋斗，中国特色社会主义进入了新时代。党的十九大描绘了决胜全面建成小康社会、夺取新时代中国特色社会主义伟大胜利的宏伟蓝图，进一步指明了党和国家事业前进方向。我们要胜利实现既定战略目标，就要坚定不移坚持中国特色社会主义道路，坚定不移走改革开放这条正确之路、强国之路、富民之路。

新形势、新任务、新挑战，赋予经济特区新的历史使命，经济特区要不忘初心、牢记使命，在伟大斗争、伟大工程、伟大事业、伟大梦想中寻找新的方位，把握好新的战略定位。

——经济特区要成为改革开放的重要窗口。经济特区是我国最早对外开放的地区，是对外经济交流最活跃的地区，也是最能代表改革开放形象的地区。经济特区要继续发挥好改革开放的重要窗口作用，坚持打开国门搞建设，坚持引进来和走出去并重，同各国扩大双向贸易和投资往来，共建开放型世界经济。要大幅度放宽市场准入，扩大服务业特别是金融业对外开放，创造更有吸引力的投资环境。要加强国际人文交流，促进民心相通、文化相融。

——经济特区要成为改革开放的试验平台。创办经济特区是我国改革开放的重要方法论，是经过实践检验推进改革开放行之有效的办法。先行先试是经济特区的一项重要职责，目的是探索改革开放的实现路径和实现形式，为全国改革开放探路开路。只有敢于走别人没有走过的路，才能收获别样的风景。经济特区要勇于扛起历史责任，适应国内外形势新变化，按照国家发展新要求，顺应人民新期待，发扬敢闯敢试、敢为人先、埋头苦干的特区精神，始终站在改革开放最前沿，在各方面体制机制改革方面先行先试、大胆探索，为全国提供更多可复制可推广的经验。

——经济特区要成为改革开放的开拓者。经济特区的成功实践为中国特色社会主义理论形成和发展提供了丰富素材和鲜活经验。新形势下，坚持和发展中国特色社会主义仍然有许多重大课题需要探索实践，有许多新的领域需要开拓创新。当前，改革在很多领域突入了"无人区"，经济特区要坚持摸着石头过河，逢山开路，遇水架桥，在实践中求真知，在探索中找规律，不断形成新经验、深化新认识、贡献新方案。

——经济特区要成为改革开放的实干家。空谈误国，实干兴邦。只有真抓才能攻坚克难，只有实干才能梦想成真。经济特区要坚定舍我其谁的信念、勇当尖兵的决心，保持爬坡过坎的压力感、奋勇向前的使命感、干事创业的责任感，积极培育崇尚实干的环境，务实求变、务实求新、务实求进，为实干者撑腰，为干事者鼓劲，以昂扬的精神状态推动改革不停顿、开放不止步。

女士们、先生们、同志们！

海南是我国最大的经济特区，地理位置独特，拥有全国最好的生态环境，同时又是相对独立的地理单元，具有成为全国改革开放试验田的独特优势。海南在我国改革开放和社会主义现代化建设大局中具有特殊地位和重要作用。

三十而立，蓄势待发。党中央从决定设立海南经济特区开始，就决心把海南岛好好发展起来。如果海南岛更好发展起来，中国特色社会主义就更有说服力，更能够增强人们对中国特色社会主义的信心。

新时代，海南要高举改革开放旗帜，创新思路、凝聚力量、突出特色、增创优势，努力成为新时代全面深化改革开放的新标杆，形成更高层次改革开放新格局。这是我们庆祝海南建省办经济特区 30 周年的最好方式，也是庆祝我国改革开放 40 周年的重大举措。

党中央对海南改革开放发展寄予厚望，最近研究制定了《关于支持海南全面深化改革开放的指导意见》，赋予海南经济特区改革开放新的重大责任和使命，也为海南深化改革开放注入了强大动力。这是海南发展面临的新的重大历史机遇。

海南广大干部群众要抓住机遇、再接再厉，全面贯彻党的十九大精神，以新时代中国特色社会主义思想为指导，坚持稳中求进工作总基调，增强"四个意识"，坚定"四个自信"，坚持新发展理念，统筹推进"五位一体"总体布局和协调推进"四个全面"战略布局，以供给侧结构性改革为主线，建设自由贸易试验区和中国特色自由贸易港，发挥自身优势，大胆探索创新，着力打造全面深化改革开放试验区、国家生态文明试验区、国际旅游消费中心、国家重大战略服务保障区，争创新时代中国特色社会主义生动范例，让海南成为展示中国风范、中国气派、中国形象的靓丽名片。

第一，海南要坚持开放为先，实行更加积极主动的开放战略，加快建立开放型经济新体制，推动形成全面开放新格局。经济全球化是社会生产力发展的客观要求和科技进步的必然结果。经济全球化为世界经济增长提供了强劲动力，促进了商品和资本流动、科技和文明进步、各国人民交往，符合各国共同利益。当前，世界经济仍然面临诸多复杂挑战，新增长动能缺乏，增长分化加剧。把困扰世界的问题简单归咎于经济全球化，搞贸易和投资保护主义，想人为让世界经济退回到孤立的旧时代，不符合历史潮流。正确的选择是，充分利用一切机遇，合作应对一切挑战。

我在党的十九大报告中强调，中国开放的大门不会关闭，只会越开越大。这是我们对世界的庄重承诺。要坚持对外开放的基本国策，奉行互利共赢的开放战略，遵守和维护世界贸易规则体系，推动经济全球化朝着更加开放、包容、普惠、平衡、共赢的方向发展，让经济全球化进程更有活力、更加包容、更可持续，让不同国家、不同阶层、不同人群共享经济全球化的好处。

在这里，我郑重宣布，党中央决定支持海南全岛建设自由贸易试验区，支持海南逐步探索、稳步推进中国特色自由贸易港建设，分步骤、分阶段建立自由贸易港政策和制度体系。这是党中央着眼于国际国内发展大局，深入研究、统筹考虑、科学谋划作出的重大决策，是彰显我国扩大对外开放、积极推动经济全球化决心的重大举措。

海南全岛建设自由贸易试验区，要以制度创新为核心，赋予更大改革自主权，支持海南大胆试、大胆闯、自主改，加快形成法治化、国际化、便利化的营商环境和公平开放统一高效的市场环境。要更大力度转变政府职能，深化简政放权、放管结合、优化服务改革，全面提升政府治理能力。要实行高水平的贸易和投资自由化便利化政策，对外资全面实行准入前国民待遇加负面清单管理制度，围绕种业、医疗、教育、体育、电信、互联网、文化、维修、金融、航运等重点领域，深化现代农业、高新技术产业、现代服务业对外开放，推动服务贸易加快发展，保护外商投资合法权益，推进航运逐步开放。

自由贸易港是当今世界最高水平的开放形态。海南建设自由贸易港要体现中国特色，符合中国国情，符合海南发展定位，学习借鉴国际自由贸易港的先进经营方式、管理方法。我们欢迎全世界投资者到海南投资兴业，积极参与海南自由贸易港建设，共享中国发展机遇、共享中国改革成果。

海南发展不能以转口贸易和加工制造为重点，而要以发展旅游业、现代服务业、高新技术产业为主导，更加注重通过人的全面发展充分激发发展活力和创造力。在内外贸、投融资、财政税务、金融创新、入出境等方面，探索更加灵活的政策体系、监管模式、管理体制，加强风险防控体系建设，打造开放层次更高、营商环境更优、辐射作用更强的开放新高地。

海南要利用建设自由贸易港的契机，加强同"一带一路"沿线国家和地区开展多层次、多领域的务实合作，建设 21 世纪海上丝绸之路的文化、教育、农业、旅游等交流平台，在建设 21 世纪海上丝绸之路重要战略支点上迈出更加坚实的步伐。

第二，海南要站在更高起点谋划和推进改革，下大气力破除体制机制弊端，不断解放和发展社会生产力。当前，改革又到了一个新的历史关头，推进改革的复杂程度、敏感程度、艰巨程度不亚于 40 年前。因循守旧没有出路，畏缩不前坐失良机。改革开放的过程就是思想解放的过程。没有思想大解放，就不会有改革大突破。解放思想不是脱离国情的异想天开，也不是闭门造车的主观想象，更不是毫无章法的莽撞蛮干。解放思想的目的在于更好实事求是。要坚持解放思想和实事求是的有机统一，一切从国情出发、从实际出发，既总结国内成功做法又借鉴国外有益经验，既大胆探索又脚踏实地，敢闯敢干，大胆实践，多出可复制可推广的经验，带动全国改革步伐。要坚持问题导向，从群众关心的事情做起，从群众不满意的地方改起，敢于较真碰硬，勇于破难题、闯难关，在破除体制机制弊端、调整深层次利益格局上再啃下一些硬骨头。要强化改革举措系统集成，科学配置各方面资源，加快推进城乡融合发展体制机制、人才体制、财税金融体制、收入分配制度、国有企业等方面的改革，支持海南设立国际能源、航运、大宗商品、产权、股权、碳排放权等交易场所，形成更加成熟更加定型的制度体系。

深化党和国家机构改革是当前的一项重要工作。海南要深入落实党的十九届三中全会精神，按照党中央统一部署，深化地方党政机构改革，科学配置行政资源，转变政府职能，深化简政放权，结合自身实际改革和完善行政管理体制，为国家治理体系和治理能力现代化进行新的探索。

第三，海南要坚决贯彻新发展理念，建设现代化经济体系，在推动经济高质量发展方面走在全国前列。我国经济已由高速增长阶段转向高质量发展阶段，这是党中央对新时代我国经济发展特征的重大判断。发展是第一要务，创新是第一动力，是建设现代化经济体系的战略支撑。海南要深化供给侧结构性改革，发挥优势，集聚创新要素，积极发展新一代信息技术产业和数字经济，推动互联网、物联网、大数据、卫星导航、人工智能同实体经济深度融合，整体提升海南综合竞争力。要加强国家南繁科研育种基地（海南）建设，打造国家热带农业科学中心，支持海南建设全球动植物种质资源引进中转基地。国家支持海南布局建设一批重大科研基础设施和条件平台，建设航天领域重大科技创新基地和国家深海基地南方中心，打造空间科技创新战略高地。要创新科技管理体制，建立符合科研规律的科技创新管理制度和国际科技合作机制，设立海南国际离岸创新创业示范区。

现代服务业是产业发展的趋势，符合海南发展实际，海南在这方面要发挥示范引领作用。要瞄准国际标准提高水平，下大气力调优结构，重点发展旅游、互联网、医疗健康、金融、会展等现代服务业，加快服务贸易创新发展，促进服务业优化升级，形成以服务型经济为主的产业结构。

国际旅游岛是海南的一张重要名片。推动海南建设具有世界影响力的国际旅游消费中心，是高质量发展要求在海南的具体体现。要实施一批重大基础设施工程，提高基础设施网络化智能化水平，加密海南直达全球主要客源地的国际航线，加快构建现代基础设施体系。要实施更加开放便利的离岛免税购物政策，实现离岛旅客全覆盖，提高免税购物限额。要支持海南积极引进国际优质资本和智力资源，采用国际先进理念进行旅游资源保护和开发。要允许在海南注册的符合条件的中外合资旅行社从事除台湾地区以外的出境旅游业务。要培育旅游消费新业态新热点，提升服务能力和水平，推进全域旅游发展，为国内外游客和当地群众提供更多优质服务，使海南国际旅游岛这张名片更亮更出彩。

海南是我国唯一的热带省份。要实施乡村振兴战略，发挥热带地区气候优势，做强做优热带特色高效农业，打造国家热带现代农业基地，进一步打响海南热带农产品品牌。要发展乡村旅游，打造体现热带风情的精品小镇。

我国是海洋大国，党中央作出了建设海洋强国的重大部署。海南是海洋大省，要坚定走人海和谐、合作共赢的发展道路，提高海洋资源开发能力，加快培育新兴海洋产业，支持海南建设现代化海洋牧场，着力推动海洋经济向质量效益型转变。要发展海洋科技，加强深海科学技术研究，推进"智慧海洋"建设，把海南打造成海洋强省。要打造国家军民融合创新示范区，统筹海洋开发和海上维权，推进军地共商、科技共兴、设施共建、后勤共保，加快推进南海资源开发服务保障基地和海上救援基地建设，坚决守好祖国南大门。

第四，海南要牢固树立和全面践行绿水青山就是金山银山的理念，在生态文明体制改革上先行一步，为全国生态文明建设作出表率。生态文明建设事关中华民族永续发展和"两个一百年"奋斗目标的实现。保护生态环境就是保护生产力，改善生态环境就是发展生产力。海南的青山绿水、碧海蓝天自古就为文人雅士所称道。苏东坡的"不似天涯，卷起杨花似雪花";丘浚的"五峰如指翠相连,撑起炎荒半壁天。夜盥银河摘星斗,朝探碧落弄云烟";杨维桢的"绿衣歌舞不动尘,海仙骑鱼波袅袅",无不描绘出海南宛如仙境的动人景象。海南生态环境是大自然赐予的宝贵财富,必须倍加珍惜、精心呵护,使海南真正成为中华民族的四季花园。

党中央决定,支持海南建设国家生态文明试验区,鼓励海南省走出一条人与自然和谐发展的路子,为全国生态文明建设探索经验。要实行最严格的生态环境保护制度,构建高效统一的规划管理体系,率先建立现代生态环境和资源保护监管体制。要积极开展国家公园体制试点,建设热带雨林等国家公园,构建归属清晰、权责明确、监管有效的自然保护地体系。要完善以绿色发展为导向的考核评价体系,建立健全形式多样、绩效导向的生态保护补偿机制。要严格保护海洋生态环境,建立健全陆海统筹的生态系统保护修复和污染防治区域联动机制。

第五,海南要坚持以人民为中心的发展思想,不断满足人民日益增长的美好生活需要,让改革发展成果更多更公平惠及人民。改革开放在认识和实践上的每一次突破和深化,改革开放中每一个新生事物的产生和发展,改革开放每一个领域和环节经验的创造和积累,无不来自亿万人民的智慧和实践。没有人民支持和参与,任何改革都不可能取得成功。

只有充分尊重人民意愿，形成广泛共识，人民才会积极支持改革、踊跃投身改革。要坚持人民主体地位，发挥群众首创精神，紧紧依靠人民推动改革开放。要坚持从人民群众普遍关注、反映强烈、反复出现的问题背后查找体制机制弊端，找准深化改革的重点和突破口。要始终把人民利益摆在至高无上的地位，加快推进民生领域体制机制改革，尽力而为、量力而行，着力提高保障和改善民生水平，不断完善公共服务体系，不断促进社会公平正义，推动公共资源向基层延伸、向农村覆盖、向困难群体倾斜，着力解决人民群众关心的现实利益问题。

事业因人才而兴，人才因事业而聚。"人材者，求之则愈出，置之则愈匮。"海南全面深化改革开放是国家的重大战略，必须举全国之力、聚四方之才。海南建省办经济特区初期就有"十万人才过海峡"的壮举。吸引人才、留住人才、用好人才，最好的环境是良好体制机制。要支持海南大学创建世界一流学科，鼓励国内知名高校和研究机构在海南设立分支机构，鼓励海南引进境外优质教育资源，举办高水平中外合作办学机构和项目，支持海南开展国际人才管理改革试点，允许外籍和港澳台地区技术技能人员按规定在海南就业、永久居留。允许在中国高等院校获得硕士及以上学位的优秀外国留学生在海南就业创业，扩大海南高校留学生规模。支持海南探索建立吸引外国高技术人才的管理制度。海南要坚持五湖四海广揽人才，在深化人才发展体制机制改革上有突破，实行更加积极、更加开放、更加有效的人才政策，创新人才培养支持机制，构建更加开放的引才机制，全面提升人才服务水平，让各类人才在海南各尽其用、各展其才。

第六，海南要坚持和加强党的全面领导，确保全面深化改革开放正确方向。坚持党的领导，全面从严治党，是改革开放取得成功的关键和根本。经济特区处于改革开放前沿，对全面加强党的领导和党的建设有着更高要求。广大党员、干部要坚定维护党中央权威和集中统一领导，自觉在思想上政治上行动上同党中央保持高度一致，自觉站在党和国家大局上想问题、办事情，在践行"四个意识"和"四个自信"上勇当先锋，在讲政治、顾大局、守规矩上做好表率。要用新时代中国特色社会主义思想武装头脑，帮助广大党员、干部坚定理想信念、更新知识观念、掌握过硬本领，更好适应新形势新任务的需要。要加强基层组织建设，把每一个基层党组织都打造成坚强的战斗堡垒。要以改革创新精神抓好党建，持之以恒正风肃纪，深入推进反腐败斗争，教育引导广大党员、干部自觉抵制不良风气对党内生活的侵蚀，营造风清气正的良好政治生态。

中央和国家有关部门要从全局高度出发，会同海南省做好顶层设计，坚持先谋后动，积极研究制定支持举措，共同推动各项政策落地见效。

女士们、先生们、同志们！

历史从不眷顾因循守旧、满足现状者，机遇属于勇于创新、永不自满者。一切伟大成就都是接续奋斗的结果，一切伟大事业都需要在继往开来中推进。历代经济特区建设者以他们的智慧、勇气、汗水书写了辉煌篇章。今天，海南广大干部群众要不忘初心、牢记使命，以"功成不必在我"的精神境界和"功成必定有我"的历史担当，保持历史耐心，发扬钉钉子精神，一张蓝图绘到底，一任接着一任干，在实现"两个一百年"奋斗目标、实现中华民族伟大复兴中国梦的新征程上努力创造无愧于时代的新业绩！

（《人民日报》2018 年 4 月 14 日）

习近平总书记
出席庆祝海南
建省办经济特
区 30 周年大会

中共中央国务院关于支持
海南全面深化改革开放的指导意见

（2018 年 4 月 11 日）

海南建省和兴办经济特区是党中央着眼于我国改革开放和社会主义现代化建设全局作出的重大战略决策。2018 年是贯彻党的十九大精神的开局之年，是改革开放 40 周年，也是海南建省和兴办经济特区 30 周年。在新的历史条件下，为全面贯彻党的十九大精神和习近平总书记重要批示精神，更进一步凸显我国改革开放 40 年的重大意义，更进一步彰显党的十八大以来习近平总书记带领全国各族人民全面深化改革开放的重大意义，推动海南成为新时代全面深化改革开放的新标杆，形成更高层次改革开放新格局，探索实现更高质量、更有效率、更加公平、更可持续的发展，现提出以下意见。

一、重大意义

海南省因改革开放而生，也因改革开放而兴。1988 年，党中央批准海南建省办经济特区。30 年来，海南省切实履行党中央、国务院赋予的历史使命，大胆创新、奋勇拼搏，推动经济社会发展取得重大成就，把一个边陲海岛发展成为我国改革开放的重要窗口，实现了翻天覆地的变化，为全国提供了宝贵经验。实践证明，党中央关于海南建省和兴办经济特区的决策是完全正确的。

在中国特色社会主义进入新时代的大背景下，赋予海南经济特区改革开放新的使命，是习近平总书记亲自谋划、亲自部署、亲自推动的重大国家战略，必将对构建我国改革开放新格局产生重大而深远影响。支持海南全面深化改革开放有利于探索可复制可推广的经验，压茬拓展改革广度和深度，完善和发展中国特色社会主义制度；有利于我国主动参与和推动经济全球化进程，发展更高层次的开放型经济，加快推动形成全面开放新格局；有利于推动海南加快实现社会主义现代化，打造成新时代中国特色社会主义新亮点，彰显中国特色社会主义制度优越性，增强中华民族的凝聚力和向心力。

二、总体要求

（一）指导思想。全面贯彻党的十九大和十九届二中、三中全会精神，以习近平新时代中国特色社会主义思想为指导，坚持党的全面领导，坚持稳中求进工作总基调，坚持新发展理念，统筹推进"五位一体"总体布局和协调推进"四个全面"战略布局，以供给侧结构性改革为主线，赋予海南经济特区改革开放新使命，建设自由贸易试验区和中国特色自由贸易港，解放思想、大胆创新，着力在建设现代化经济体系、实现高水平对外开放、提升旅游消费水平、服务国家重大战略、加强社会治理、打造一流生态环境、完善人才发展制度等方面进行探索，在贯彻落实党的十九大的重大决策部署上走在前列，打造实践中国特色社会主义的生动范例，开创新时代中国特色社会主义新局面，为把我国建设成为富强民主文明和谐美丽的社会主义现代化强国作出更大贡献。

（二）战略定位

——全面深化改革开放试验区。大力弘扬敢闯敢试、敢为人先、埋头苦干的特区精神，在经济体制改革和社会治理创新等方面先行先试。适应经济全球化新形势，实行更加积极主动的开放战略，探索建立开放型经济新体制，把海南打造成为我国面向太平洋和印度洋的重要对外开放门户。

——国家生态文明试验区。牢固树立和践行绿水青山就是金山银山的理念，坚定不移走生产发展、生活富裕、生态良好的文明发展道路，推动形成人与自然和谐发展的现代化建设新格局，为推进全国生态文明建设探索新经验。

——国际旅游消费中心。大力推进旅游消费领域对外开放，积极培育旅游消费新热点，下大气力提升服务质量和国际化水平，打造业态丰富、品牌集聚、环境舒适、特色鲜明的国际旅游消费胜地。

——国家重大战略服务保障区。深度融入海洋强国、"一带一路"建设、军民融合发展等重大战略，全面加强支撑保障能力建设，切实履行好党中央赋予的重要使命，提升海南在国家战略格局中的地位和作用。

（三）基本原则

——坚持和加强党对改革开放的领导。把党的领导贯穿于海南全面深化改革开放的全过程，增强"四个意识"，坚定"四个自信"，自觉维护以习近平同志为核心的党中央权威和集中统一领导，培育践行社会主义核心价值观，确保改革开放的社会主义方向。

——坚持整体推进和稳步实施。强化顶层设计，增强改革的系统性、协调性，使各项改革举措相互配合、相得益彰，提高改革整体效益。科学把握改革举措实施步骤，加强风险评估和跟踪预警，注重纠错调整，积极防范潜在风险。

——坚持统筹陆地和海洋保护发展。加强海洋生态文明建设，加大海洋保护力度，加强海洋权益维护，科学有序开发利用海洋资源，培育壮大特色海洋经济，形成陆海资源、产业、空间互动协调发展新格局。

——坚持发挥人才的关键性作用。坚持人才是第一资源，在人才培养、引进、使用上大胆创新，聚天下英才而用之，努力让各类人才引得进、留得住、用得好，使海南成为人才荟萃之岛、技术创新之岛。

（四）发展目标

到 2020 年，与全国同步实现全面建成小康社会目标，确保现行标准下农村贫困人口实现脱贫，贫困县全部摘帽；自由贸易试验区建设取得重要进展，国际开放度显著提高；公共服务体系更加健全，人民群众获得感明显增强；生态文明制度基本建立，生态环境质量持续保持全国一流水平。

到 2025 年，经济增长质量和效益显著提高；自由贸易港制度初步建立，营商环境达到国内一流水平；民主法制更加健全，治理体系和治理能力现代化水平明显提高；公共服务水平和质量达到国内先进水平，基本公共服务均等化基本实现；生态环境质量继续保持全国领先水平。

到 2035 年，在社会主义现代化建设上走在全国前列；自由贸易港的制度体系和运作模式更加成熟，营商环境跻身全球前列；人民生活更为宽裕，全体人民共同富裕迈出坚实步伐，优质公共服务和创新创业环境达到国际先进水平；生态环境质量和资源利用效率居于世界领先水平；现代社会治理格局基本形成，社会充满活力又和谐有序。

到本世纪中叶，率先实现社会主义现代化，形成高度市场化、国际化、法治化、现代化的制度体系，成为综合竞争力和文化影响力领先的地区，全体人民共同富裕基本实现，建成经济繁荣、社会文明、生态宜居、人民幸福的美好新海南。

三、建设现代化经济体系

坚持质量第一、效益优先，以供给侧结构性改革为主线，推动经济发展质量变革、效率变革、动力变革，提高全要素生产率，加快建立开放型生态型服务型产业体系，进一步完善社会主义市场经济体制，不断增强海南的经济创新力和竞争力。

（五）深化供给侧结构性改革。坚持把实体经济作为发展经济的着力点，紧紧围绕提高供给体系质量，支持海南传统产业优化升级，加快发展现代服务业，培育新动能。推动旅游业转型升级，加快构建以观光旅游为基础、休闲度假为重点、文体旅游和健康旅游为特色的旅游产业体系，推进全域旅游发展。瞄准国际先进水平，大力发展现代服务业，加快服务贸易创新发展。统筹实施网络强国战略、大数据战略、"互联网+"行动，大力推进新一代信息技术产业发展，推动互联网、物联网、大数据、卫星导航、人工智能和实体经济深度融合。鼓励发展虚拟现实技术，大力发展数字创意产业。高起点发展海洋经济，积极推进南海天然气水合物、海底矿物商业化开采，鼓励民营企业参与南海资源开发，加快培育海洋生物、海水淡化与综合利用、海洋可再生能源、海洋工程装备研发与应用等新兴产业，支持建设现代化海洋牧场。实施乡村振兴战略，做强做优热带特色高效农业，打造国家热带现代农业基地，支持创设海南特色农产品期货品种，加快推进农业农村现代化。

（六）实施创新驱动发展战略。面向深海探测、海洋资源开发利用、航天应用等战略性领域，支持海南布局建设一批重大科研基础设施与条件平台，建设航天领域重大科技创新基地和国家深海基地南方中心，打造空间科技创新战略高地。加强国家南繁科研育种基地（海南）建设，打造国家热带农业科学中心，支持海南建设全球动植物种质资源引进中转基地。设立海南国际离岸创新创业示范区。建立符合科研规律的科技创新管理制度和国际科技合作机制。鼓励探索知识产权证券化，完善知识产权信用担保机制。

（七）深入推进经济体制改革。深化国有企业改革，推进集团层面混合所有制改革，健全公司法人治理结构，完善现代企业制度。完善各类国有资产管理体制，探索政府直接授权国有资本投资、运营公司，加快国有企业横向联合、纵向整合和专业化重组，推动国有资本做强做优做大。完善产权保护制度，加强政务诚信和营商环境建设，清理废除妨碍统一市场和公平竞争的规定与做法，严厉打击不正当竞争行为，激发和保护企业家精神，支持民营企业发展，鼓励更多市场主体和社会主体投身创新创业。深化农垦改革，推进垦区集团化、农场企业化改革，有序推行土地资产化和资本化，鼓励社会资本通过设立农业产业投资基金、农垦产业发展股权投资基金等方式，参与农垦项目和国有农场改革。扎实推进房地一体的农村集体建设用地和宅基地使用权确权登记颁证，在海南全省统筹推进农村土地征收、集体经营性建设用地入市、宅基地制度改革试点，建立不同权属、不同用途建设用地合理比价调节机制和增值收益分配机制，统筹不同地区、拥有不同类型土地的农民收益。支持依法合规在海南设立国际能源、航运、大宗商品、产权、股权、碳排放权等交易场所。创新投融资方式，规范运用政府和社会资本合作（PPP）模式，引导社会资本参与基础设施和民生事业。支持海南以电力和天然气体制改革为重点，开展能源综合改革。理顺民用机场管理体制，先行先试通用航空分类管理改革。

（八）提高基础设施网络化智能化水平。按照适度超前、互联互通、安全高效、智能绿色的原则，大力实施一批重大基础设施工程，加快构建现代基础设施体系。建设"数字海南"，推进城乡光纤网络和高速移动通信网络全覆盖，加快实施信息进村入户工程，着力提升南海海域通信保障能力。落实国家网络安全等级保护制度，提升网络安全保障水平。推进海口机场改扩建工程，开展三亚新机场、儋州机场、东方/五指山机场前期工作，加密海南直达全球主要客源地的国际航线。优化整合港口资源，重点支持海口、洋浦港做优做强。推进电网主网架结构建设和城乡电网智能化升级改造，开展智能电网、微电网等示范项目建设。构建覆盖城乡的供气管网。加强城市地下空间利用和综合管廊建设。完善海岛型水利设施网络。

四、推动形成全面开放新格局

坚持全方位对外开放，按照先行先试、风险可控、分步推进、突出特色的原则，第一步，在海南全境建设自由贸易试验区，赋予其现行自由贸易试验区试点政策；第二步，探索实行符合海南发展定位的自由贸易港政策。

（九）高标准高质量建设自由贸易试验区。以现有自由贸易试验区试点内容为主体，结合海南特点，建设中国（海南）自由贸易试验区，实施范围为海南岛全岛。以制度创新为核心，赋予更大改革自主权，支持海南大胆试、大胆闯、自主改，加快形成法治化、国际化、便利化的营商环境和公平统一高效的市场环境。更大力度转变政府职能，深化简政放权、放管结合、优化服务改革，全面提升政府治理能力。实行高水平的贸易和投资自由化便利化政策，对外资全面实行准入前国民待遇加负面清单管理制度，围绕种业、医疗、教育、体育、电信、互联网、文化、维修、金融、航运等重点领域，深化现代农业、高新技术产业、现代服务业对外开放，推动服务贸易加快发展，保护外商投资合法权益。推进航运逐步开放。发挥海南岛全岛试点的整体优势，加强改革系统集成，力争取得更多制度创新成果，彰显全面深化改革和扩大开放试验田作用。

（十）探索建设中国特色自由贸易港。根据国家发展需要，逐步探索、稳步推进海南自由贸易港建设，分步骤、分阶段建立自由贸易港政策体系。海南自由贸易港建设要体现中国特色，符合海南发展定位，学习借鉴国际自由贸易港建设经验，不以转口贸易和加工制造为重点，而以发展旅游业、现代服务业和高新技术产业为主导，更加强调通过人的全面发展，充分激发发展活力和创造力，打造更高层次、更高水平的开放型经济。及时总结59国外国人入境旅游免签政策实施效果，加大出入境安全措施建设，为进一步扩大免签创造条件。完善国际贸易"单一窗口"等信息化平台。积极吸引外商投资以及先进技术、管理经验，支持外商全面参与自由贸易港建设。在内外贸、投融资、财政税务、金融创新、出入境等方面探索更加灵活的政策体系、监管模式和管理体制，打造开放层次更高、营商环境更优、辐射作用更强的开放新高地。

（十一）加强风险防控体系建设。出台有关政策要深入论证、严格把关，成熟一项推出一项。打好防范化解重大风险攻坚战，有效履行属地金融监管职责，构建金融宏观审慎管理体系，建立金融监管协调机制，加强对重大风险的识别和系统性金融风险的防范，严厉打击洗钱、恐怖融资及逃税等金融犯罪活动，有效防控金融风险。优化海关监管方式，强化进出境安全准入管理，完善对国家禁止和限制入境货物、物品的监管，高效精准打击走私活动。建立检验检疫风险分类监管综合评定机制。强化企业投资经营事中事后监管，实行"双随机、一公开"监管全覆盖。

五、创新促进国际旅游消费中心建设的体制机制

深入推进国际旅游岛建设，不断优化发展环境，进一步开放旅游消费领域，积极培育旅游消费新业态、新热点，提升高端旅游消费水平，推动旅游消费提质升级，进一步释放旅游消费潜力，积极探索消费型经济发展的新路径。

（十二）拓展旅游消费发展空间。实施更加开放便利的离岛免税购物政策，实现离岛旅客全覆盖，提高免税购物限额。支持海南开通跨国邮轮旅游航线，支持三亚等邮轮港口开展公海游航线试点，加快三亚向邮轮母港方向发展。放宽游艇旅游管制。有序推进西沙旅游资源开发，稳步开放海岛游。全面落实完善博鳌乐城国际医疗旅游先行区政策，鼓励医疗新技术、新装备、新药品的研发应用，制定支持境外患者到先行区诊疗的便利化政策。推动文化和旅游融合发展，

大力发展动漫游戏、网络文化、数字内容等新兴文化消费，促进传统文化消费升级。允许外资在海南试点设立在本省经营的演出经纪机构，允许外资在海南省内经批准的文化旅游产业集聚区设立演出场所经营单位，演出节目需符合国家法律和政策规定。允许旅游酒店经许可接收国家批准落地的境外电视频道。支持在海南建设国家体育训练南方基地和省级体育中心，鼓励发展沙滩运动、水上运动、赛马运动等项目，支持打造国家体育旅游示范区。探索发展竞猜型体育彩票和大型国际赛事即开彩票。探索从空间规划、土地供给、资源利用等方面支持旅游项目建设。

（十三）提升旅游消费服务质量。鼓励海南旅游企业优化重组，支持符合条件的企业上市融资，促进旅游产业规模化、品牌化、网络化经营，形成一批具有国际竞争力的旅游集团。推进经济型酒店连锁经营，鼓励发展各类生态、文化主题酒店和特色化、中小型家庭旅馆，积极引进国内外高端酒店集团和著名酒店管理品牌。高标准布局建设具有国际影响力的大型消费商圈，完善"互联网+"消费生态体系，鼓励建设"智能店铺"、"智慧商圈"，支持完善跨境消费服务功能。加强旅游公共服务设施的统筹规划和建设。健全旅游服务的标准体系、监管体系、诚信体系、投诉体系，建立企业信誉等级评价、重大信息公告、消费投诉信息和违规记录公示制度。严厉打击扰乱旅游市场秩序的违法违规行为，完善旅游纠纷调解机制，切实维护旅游者合法权益。支持海南整合旅游营销资源，强化整体宣传营销，促进海南旅游形象提升。

（十四）大力推进旅游消费国际化。支持海南积极引进国际优质资本和智力资源，采用国际先进理念进行旅游资源保护和开发。允许在海南注册的符合条件的中外合资旅行社从事除台湾地区以外的出境旅游业务。支持海南积极参与国际旅游合作与分工，与国际组织和企业在引资引智、市场开发、教育培训、体育赛事等方面开展务实合作。加快建立与国际通行规则相衔接的旅游管理体制，推动更多企业开展国际标准化组织（ISO）质量和环境管理体系认证，提升企业管理水平。系统提升旅游设施和旅游要素的国际化、标准化、信息化水平。指导海南进一步办好国际体育赛事，支持再引入一批国际一流赛事。支持海南举办国际商品博览会和国际电影节。

六、服务和融入国家重大战略

支持海南履行好党中央赋予的重要使命，持续加强支撑保障能力建设，更好服务海洋强国、"一带一路"建设、军民融合发展等国家重大战略实施。

（十五）加强南海维权和开发服务保障能力建设。加快完善海南的维权、航运、渔业等重点基础设施，显著提升我国对管辖海域的综合管控和开发能力。实施南海保障工程，建立完善的救援保障体系。保障法院行使对我国管辖海域的司法管辖权。支持三亚海上旅游合作开发基地、澄迈等油气勘探生产服务基地建设。加强重点渔港和避风港建设。

（十六）深化对外交往与合作。充分利用博鳌亚洲论坛等国际交流平台，推动海南与"一带一路"沿线国家和地区开展更加务实高效的合作，建设21世纪海上丝绸之路重要战略支点。鼓励境外机构落户海南。支持海南推进总部基地建设，鼓励跨国企业、国内大型企业集团在海南设立国际总部和区域总部。支持在海南设立21世纪海上丝绸之路文化、教育、农业、旅游交流平台，推动琼海农业对外开放合作试验区建设。加强海南与东南亚国家的沟通交流，重点开展旅游、环境保护、海洋渔业、人文交流、创新创业、防灾减灾等领域合作。

（十七）推进军民融合深度发展。落实经济建设项目贯彻国防要求的有关部署，加强军地在基础设施、科技、教育和医疗服务等领域的统筹发展，建立军地共商、科技共兴、设施共建、后勤共保的体制机制，将海南打造成为军民融合发展示范基地。依托海南文昌航天发射场，推动建设海南文昌国际航天城。完善南海岛礁民事服务设施与功能，建设生态岛礁，打造南海军民融合精品工程。深化空域精细化管理改革，提升军民航空域使用效率。完善军地土地置换政策，保障军事用地需求，促进存量土地盘活利用。建设国家战略能源储备基地。

（十八）加强区域合作交流互动。依托泛珠三角区域合作机制，鼓励海南与有关省区共同参与南海保护与开发，共建海洋经济示范区、海洋科技合作区。密切与香港、澳门在海事、海警、渔业、海上搜救等领域的合作，积极对接粤港澳大湾区建设。加强与台湾地区在教育、医疗、现代农业、海洋资源保护与开发等领域的合作。深化琼州海峡合作，推进港航、旅游协同发展。

七、加强和创新社会治理

始终坚持以人民为中心的发展思想，完善公共服务体系，加强社会治理制度建设，不断满足人民日益增长的美好生活需要，形成有效的社会治理、良好的社会秩序，使人民获得感、幸福感、安全感更加充实、更有保障、更可持续。

（十九）健全改善民生长效机制。坚决打赢精准脱贫攻坚战，建立稳定脱贫长效机制，促进脱贫提质增效。深化户籍制度改革，有序推进农业转移人口市民化，推动基本公共服务覆盖全部常住人口。大力实施基础教育提质工程，全面提升学前教育和中小学教育质量。完善劳动用工制度，健全最低工资标准调整和工资支付保障长效机制。开展激发重点群体增收活力改革试点，推进事业单位改革和人才评价机制改革，在国家政策框架内，加快完善与自由贸易试验区和自由贸易港建设相适应、体现工作绩效和分级分类管理的机关事业单位工资分配政策。创新社会救助模式，完善专项救助制度，在重点保障城乡低保对象、特困人员的基础上，将专项救助向低收入家庭延伸。全面实施全民参保计划。建立和完善房地产长效机制，防止房价大起大落。继续深化医药卫生体制改革。

（二十）打造共建共治共享的社会治理格局。加强预防和化解社会矛盾机制建设，正确处理人民内部矛盾。加强人口动态数据收集分析，建立人口监测预警报告制度。推动建立以社会保障卡为载体的"一卡通"服务管理模式。探索行业协会商会类、科技类、公益慈善类、城乡社区服务类社会组织依法直接登记制度，支持社会组织在规范市场秩序、开展行业监管、加强行业自律、调解贸易纠纷等方面发挥更大作用，推进行业协会商会脱钩改革。全面加强基层治理，统筹推进基层政权建设和基层群众自治，促进乡镇（街道）治理和城乡社区治理有效衔接，构建简约高效的基层管理体制。全面推进社会信用体系建设，加快构建守信激励和失信惩戒机制。围绕行政管理、司法管理、城市管理、环境保护等社会治理的热点难点问题，促进人工智能技术应用，提高社会治理智能化水平。

（二十一）深化行政体制改革。全面贯彻党的十九届三中全会精神，认真落实《中共中央关于深化党和国家机构改革的决定》、《深化党和国家机构改革方案》，坚决维护党中央权威和集中统一领导，率先完成地方党政机构改革。深化"放管服"改革，在进一步简政放权、放管结合、优化服务方面走在全国前列，推动自由贸易试验区和自由贸易港建设。按照宜放则放、不宜放则不放的原则，赋予海南省级政府更多自主权，将贴近基层和群众的管理服务事务交由下级政府承担。推进海南行政区划改革创新，优化行政区划设置和行政区划结构体系。支持海南按照实际需要统筹使用各类编制资源。深化"多规合一"改革，推动形成全省统一的空间规划体系。积极探索与行政体制改革相适应的司法体制改革。

八、加快生态文明体制改革

牢固树立社会主义生态文明观，像对待生命一样对待生态环境，实行最严格的生态环境保护制度，还自然以宁静、和谐、美丽，提供更多优质生态产品以满足人民日益增长的优美生态环境需要，谱写美丽中国海南篇章。

（二十二）完善生态文明制度体系。加快建立健全生态文明建设长效机制，压紧压实生态环境保护责任。率先建立生态环境和资源保护现代监管体制，设立国有自然资源资产管理和自然生态监管机构。落实环境保护"党政同责、一岗双责"，构建以绿色发展为导向的评价考核体系，严格执行党政领导干部自然资源资产离任审计、生态环境损害责任追究制度。编制自然资源资产负债表，实行省以下环保机构监测监察执法垂直管理制度。支持海南在建立完善自然资源资产产权制度和有偿使用制度方面率先进行探索。加快完善生态保护成效与财政转移支付资金分配相挂钩的生态保护补偿机制。全面实施河长制、湖长制、湾长制、林长制。探索建立水权制度。鼓励海南国家级、省级自然保护区依法合规探索开展森林经营先行先试。加强对海洋生态环境的司法保护。开展海洋生态系统碳汇试点。研究构建绿色标准体系，建立绿色产品政府采购制度，创建绿色发展示范区。实行碳排放总量和能耗增量控制。建立环境污染"黑名单"制度，健全环保信用评价、信息强制性披露、严惩重罚等制度。在环境高风险领域建立环境污染强制责任保险制度。

（二十三）构建国土空间开发保护制度。深入落实主体功能区战略，健全国土空间用途管制制度，完善主体功能区配套政策，制定实施海南省海洋主体功能区规划。完成生态保护红线、永久基本农田、城镇开发边界和海洋生物资源保护线、围填海控制线划定工作，严格自然生态空间用途管制。实行最严格的节约用地制度，实施建设用地总量和强度双控行动，推进城市更新改造，对低效、零散用地进行统筹整合、统一开发，确保海南建设用地总量在现有基础上不增加，人均城镇工矿用地和单位国内生产总值建设用地使用面积稳步下降。加强自然保护区监督管理。研究设立热带雨林等国家公园，构建以国家公园为主体的自然保护地体系，按照自然生态系统整体性、系统性及其内在规律实行整体保护、系统修复、综合治理。实施重要生态系统保护和修复重大工程，构建生态廊道和生物多样性保护网络，提升生态系统质量和稳定性。鼓励在重点生态区位推行商品林赎买制度，探索通过租赁、置换、地役权合同等方式规范流转集体土地和经济林，逐步恢复和扩大热带雨林等自然生态空间。实施国家储备林质量精准提升工程，建设乡土珍稀树种木材储备基地。对生态环境脆弱和敏感区域内居民逐步实施生态移民搬迁。严格保护海洋生态环境，更加重视以海定陆，加快建立重点海域入海污染物总量控制制度，制定实施海岸带保护与利用综合规划。

（二十四）推动形成绿色生产生活方式。坚持"绿色、循环、低碳"理念，建立产业准入负面清单制度，全面禁止高能耗、高污染、高排放产业和低端制造业发展，推动现有制造业向智能化、绿色化和服务型转变，加快构建绿色产业体系。实施能源消费总量和强度双控行动。支持海南建设生态循环农业示范省，加快创建农业绿色发展先行区。实行生产者责任延伸制度，推动生产企业切实落实废弃产品回收责任。减少煤炭等化石能源消耗，加快构建安全、绿色、集约、高效的清洁能源供应体系。建立闲置房屋盘活利用机制，鼓励发展度假民宿等新型租赁业态。探索共享经济发展新模式，在出行、教育、职业培训等领域开展试点示范。科学合理控制机动车保有量，加快推广新能源汽车和节能环保汽车，在海南岛逐步禁止销售燃油汽车。全面禁止在海南生产、销售和使用一次性不可降解塑料袋、塑料餐具，加快推进快递业绿色包装应用。

九、完善人才发展制度

实施人才强国战略，深化人才发展体制机制改革，实行更加积极、更加开放、更加有效的人才政策，加快形成人人渴望成才、人人努力成才、人人皆可成才、人人尽展其才的良好环境。

（二十五）创新人才培养支持机制。鼓励海南充分利用国内外优质教育培训资源，加强教育培训合作，培养高水平的国际化人才。支持海南大学创建世界一流学科，支持相关高校培育建设重点实验室。鼓励国内知名高校和研究机构在海南设立分支机构。完善职业教育和培训体系，深化产教融合、校企合作，鼓励社会力量通过独资、合资、合作等多种形式举办职业教育。鼓励海南引进境外优质教育资源，举办高水平中外合作办学机构和项目，探索建立本科以上层次中外合作办学项目部省联合审批机制。支持海南通过市场化方式设立专业人才培养专项基金。完善促进终身教育培训的体制机制。

（二十六）构建更加开放的引才机制。加大国家级人才计划对海南省人才队伍建设的支持力度。紧紧围绕强化公益属性的目标深化事业单位改革，除仅为机关提供支持保障的事业单位外，原则上取消行政级别，允许改革后的事业单位结合实际完善有利于激励人才的绩效工资内部分配办法。促进教师、医生、科研人员等合理流动。创新"候鸟型"人才引进和使用机制，设立"候鸟"人才工作站，允许内地国企、事业单位的专业技术和管理人才按规定在海南兼职兼薪、按劳取酬。支持海南开展国际人才管理改革试点，允许外籍和港澳台地区技术技能人员按规定在海南就业、永久居留。允许在中国高校获得硕士及以上学位的优秀外国留学生在海南就业和创业，扩大海南高校留学生规模。支持海南探索建立吸引外国高科技人才的管理制度。

（二十七）建设高素质专业化干部队伍。坚持党管干部原则，坚持正确选人用人导向，突出政治标准，注重培养专业能力、专业精神，增强干部队伍助推海南全面深化改革开放的能力。推进公务员聘任制和分类管理改革，拓宽社会优秀人才进入党政干部队伍渠道，允许在专业性较强的政府机构设置高端特聘职位，实施聘期管理和协议工资。加强海南与国内发达地区的公务员学习交流，开展公务员国际交流合作，稳妥有序开展公务人员境外培训。加强优秀后备干部储备，完善鼓励干部到基层一线、困难艰苦地区历练的机制。

（二十八）全面提升人才服务水平。加大优质公共服务供给，满足人才对高品质公共服务的需求。大力引进优质医疗资源，鼓励社会力量发展高水平医疗机构，推进国际国内医疗资源合作，积极引进优秀卫生专业技术人员。深度推进跨省异地就医住院医疗费用直接结算，鼓励发展商业补充保险。推进社会养老服务设施建设。加快数字图书馆、数字博物馆、网上剧院等建设，构建标准统一、互联互通的公共数字文化服务网络。出台专门政策解决引进人才的任职、住房、就医、社保、子女教育等问题。

十、保障措施

毫不动摇加强党对改革开放的领导，进一步强化政策支持，建立健全"中央统筹、部门支持、省抓落实"的工作机制，坚定自觉地把党中央、国务院的决策部署落到实处。

（二十九）加强党的领导。坚持党对一切工作的领导，充分发挥党总揽全局、协调各方的作用。海南省委要把党的政治建设摆在首位，用习近平新时代中国特色社会主义思想武装海南党员干部。着眼于健全加强党的全面领导的制度，优化党的组织机构，建立健全省委对全面深化改革开放工作的领导体制机制，更好发挥党的职能部门作用，提高党把方向、谋大局、定政策、促改革的能力和定力。加强基层党组织建设，着力提升组织力，增强政治功能，引导广大党员发挥先锋模范作用，把基层党组织建设成为推动海南全面深化改革开放的坚强战斗堡垒。完善体现新发展理念和正确政绩观要求的干部考核评价体系，建立激励机制和容错纠错机制，旗帜鲜明地为敢于担当、踏实做事、不谋私利的干部撑腰鼓劲。牢牢掌握意识形态工作领导权，把社会主义核心价值观融入社会发展各方面，坚定文化自信。持之以恒正风肃纪，强化纪检监察工作，营造风清气正良好环境。深化政治巡视。全面落实监察法。

（三十）强化政策保障。本意见提出的各项改革政策措施，凡涉及调整现行法律或行政法规的，经全国人大或国务院统一授权后实施。中央有关部门根据海南省建设自由贸易试验区、探索实行符合海南发展定位的自由贸易港政策需要，及时向海南省下放相关管理权限，给予充分的改革自主权。按照市场化方式，设立海南自由贸易港建设投资基金。深化司法体制综合配套改革，全面落实司法责任制，实行法院、检察院内设机构改革试点，建立法官、检察官员额退出机制。支持建立国际经济贸易仲裁机构和国际争端调解机构等多元纠纷解决机构。

（三十一）完善实施机制。海南省要发挥主体责任，主动作为、真抓实干，敢为人先、大胆探索，以"功成不必在我"的精神境界和"功成必定有我"的历史担当,一任接着一任干,一茬接着一茬干,将蓝图一绘到底。要制定预案,稳定市场预期,坚决防范炒房炒地投机行为。研究建立重大问题协调机制,统筹推进海南全面深化改革开放工作。中央有关部门要真放真改真支持,切实贯彻落实本意见提出的各项任务和政策措施,会同海南省抓紧制定实施方案。国家发展改革委要加强综合协调,强化督促检查,适时组织对本意见实施情况进行评估,及时发现问题并提出整改建议,重大事项向党中央、国务院报告。

（《人民日报》2018 年 4 月 15 日）

习近平总书记出席庆祝
海南建省办经济特区 30 周年大会

　　庆祝海南建省办经济特区 30 周年大会 13 日下午在海南省人大会堂举行。中共中央总书记、国家主席、中央军委主席习近平出席大会并发表重要讲话。他强调，在决胜全面建成小康社会、夺取新时代中国特色社会主义伟大胜利的征程上，经济特区不仅要继续办下去，而且要办得更好、办出水平。经济特区要不忘初心、牢记使命，把握好新的战略定位，继续成为改革开放的重要窗口、改革开放的试验平台、改革开放的开拓者、改革开放的实干家。

　　习近平指出，新时代，海南要高举改革开放旗帜，创新思路、凝聚力量、突出特色、增创优势，努力成为新时代全面深化改革开放的新标杆，形成更高层次改革开放新格局。党中央最近研究制定了《关于支持海南全面深化改革开放的指导意见》。希望海南广大干部群众抓住机遇、再接再厉，全面贯彻党的十九大精神，以新时代中国特色社会主义思想为指导，坚持稳中求进工作总基调，增强"四个意识"，坚定"四个自信"，坚持新发展理念，统筹推进"五位一体"总体布局和协调推进"四个全面"战略布局，以供给侧结构性改革为主线，建设自由贸易试验区和中国特色自由贸易港，发挥自身优势，大胆探索创新，着力打造全面深化改革开放试验区、国家生态文明试验区、国际旅游消费中心、国家重大战略服务保障区，争创新时代中国特色社会主义生动范例，让海南成为展示中国风范、中国气派、中国形象的靓丽名片。

中共中央政治局常委、中央书记处书记王沪宁出席。

大会在雄壮的国歌声中开始。习近平发表了重要讲话。他指出，今年是我国改革开放 40 周年，也是海南建省办经济特区 30 周年。今天，我们在这里隆重集会，庆祝海南建省办经济特区 30 周年，就是要充分肯定经济特区建设的历史功绩，深刻总结经济特区建设的宝贵经验，在新时代新起点上继续把全面深化改革推向前进，为实现"两个一百年"奋斗目标、实现中华民族伟大复兴的中国梦提供强大动力。

习近平强调，兴办经济特区，是我们党和国家为推进改革开放和社会主义现代化建设作出的重大决策。40 年来，深圳、珠海、汕头、厦门、海南 5 个经济特区不辱使命，在建设中国特色社会主义伟大历史进程中谱写了勇立潮头、开拓进取的壮丽篇章，在体制改革中发挥了"试验田"作用，在对外开放中发挥了重要"窗口"作用，为全国改革开放和社会主义现代化建设作出了重大贡献。海南等经济特区的成功实践，充分证明了党的十一届三中全会以来形成的党的基本理论、基本路线、基本方略是完全正确的，充分证明了党中央关于兴办经济特区的战略决策是完全正确的。

习近平指出，海南是我国最大的经济特区，地理位置独特，拥有全国最好的生态环境，同时又是相对独立的地理单元，具有成为全国改革开放试验田的独特优势。海南在我国改革开放和社会主义现代化建设大局中具有特殊地位和重要作用。海南要坚持开放为先，实行更加积极主动的开放战略，加快建立开放型经济新体制，推动形成全面开放新格局。党中央决定支持海南全岛建设自由贸易试验区，支持海南逐步探索、稳步推进中国特色自由贸易港建设，分步骤、分阶段建立自由贸易港政策和制度体系。这是党中央着眼于国际国内发展大局，深入研究、统筹考虑、科学谋划作出的重大决策，是彰显我国扩大对外开放、积极推动经济全球化决心的重大举措。海南建设自由贸易港要体现中国特色，符合中国国情，符合海南发展定位，学习借鉴国际自由贸易港的先进经营方式、管理方法。我们欢迎全世界投资者到海南投资兴业，积极参与海南自由贸易港建设，共享中国发展机遇、共享中国改革成果。

习近平强调，海南要站在更高起点谋划和推进改革，下大气力破除体制机制弊端，不断解放和发展社会生产力。要强化改革举措系统集成，科学配置各方面资源，加快推进城乡融合发展体制机制、人才体制、财税金融体制、收入分配制度、国有企业等方面的改革，支持海南设立国际能源、航运、大宗商品、产权、股权、碳排放权等交易场所，形成更加成熟更加定型的制度体系。要深化地方党政机构改革，科学配置行政资源，转变政府职能，深化简政放权，结合自身实际改革和完善行政管理体制，为国家治理体系和治理能力现代化进行新的探索。

习近平指出，海南要坚决贯彻新发展理念，建设现代化经济体系，在推动经济高质量发展方面走在全国前列。要积极发展新一代信息技术产业和数字经济，推动互联网、物联网、大数据、卫星导航、人工智能同实体经济深度融合。要加强国家南繁科研育种基地（海南）建设，打造国家热带农业科学中心。国家支持海南布局建设一批重大科研基础设施和条件平台，打造空间科技创新战略高地，设立海南国际离岸创新创业示范区。要重点发展旅游、互联网、医疗健康、金融、会展等现代服务业，加快服务贸易创新发展，形成以服务型经济为主的产业结构。要提高基础设施网络化智能化水平，加密海南直达全球主要客源地的国际航线。要实施更加开放便利的离岛免税购物政策，实现离岛旅客全覆盖，推进全域旅游发展。要做强做优热带特色高效农业，打造国家热带现代农业基地。要坚定走人海和谐、合作共赢的发展道路，提高海洋资源开发能力，支持海南建设现代化海洋牧场，加强深海科学技术研究。

习近平强调，海南要牢固树立和全面践行绿水青山就是金山银山的理念，在生态文明体制改革上先行一步，为全国生态文明建设作出表率。党中央支持海南建设国家生态文明试验区，为全国生态文明建设探索经验。要实行最严格的生态环境保护制度，率先建立现代生态环境和资源保护监管体制，积极开展国家公园体制试点，建设热带雨林等国家公园。要严格保护海洋生态环境，建立健全陆海统筹的生态系统保护修复和污染防治区域联动机制。

习近平指出，海南要坚持以人民为中心的发展思想，加快推进民生领域体制机制改革，着力提高保障和改善民生水平，不断完善公共服务体系，不断促进社会公平正义，推动公共资源向基层延伸、向农村覆盖、向困难群体倾斜，着力解决人民群众关心的现实利益问题。要支持海南大学创建世界一流学科，鼓励国内知名高校和研究机构在海南设立分支机构，鼓励海南引进境外优质教育资源，举办高水平中外合作办学机构和项目，支持海南开展国际人才管理改革试点，允许外籍和港澳台地区技术技能人员按规定在海南就业、永久居留，允许在中国高等院校获得硕士及以上学位的优秀外国留学生在海南就业创业。要支持海南建立吸引外国高技术人才的管理制度，构建更加开放的引才机制，让各类人才在海南各尽其用、各展其才。

习近平强调，经济特区处于改革开放前沿，对全面加强党的领导和党的建设有着更高要求。广大党员、干部要坚定维护党中央权威和集中统一领导，自觉在思想上政治上行动上同党中央保持高度一致，自觉站在党和国家大局上想问题、办事情，在践行"四个意识"和"四个自信"上勇当先锋，在讲政治、顾大局、守规矩上做好表率。要持之以恒正风肃纪，深入推进反腐败斗争，教育引导广大党员、干部自觉抵制不良风气对党内生活的侵蚀，营造风清气正的良好政治生态。

庆祝大会上，中国科学院深海科学与工程研究所实验室钳工周皓、海南省委书记刘赐贵、国家发展改革委主任何立峰先后发言。海南省省长沈晓明主持大会。

丁薛祥、刘鹤出席大会。中央和国家机关有关部门负责同志、其他经济特区代表、海南籍华侨代表、海南省各界代表等参加大会。

（《人民日报》2018 年 4 月 14 日）

习近平总书记在海南考察

　　中共中央总书记、国家主席、中央军委主席习近平近日在海南考察时强调，全面贯彻党的十九大和十九届二中、三中全会精神，统筹推进"五位一体"总体布局、协调推进"四个全面"战略布局，以更高的站位、更宽的视野、更大的力度谋划和推进改革开放，充分发挥生态环境、经济特区、国际旅游岛的优势，真抓实干加快建设美好新海南。

　　4月的琼州大地，满目苍翠，天蓝海碧，鸟语花香，到处展现勃勃生机。11日至13日，习近平在出席博鳌亚洲论坛2018年年会有关活动后，在中共中央政治局常委、中央书记处书记王沪宁，海南省委书记刘赐贵、省长沈晓明陪同下，先后来到琼海、三亚、海口等地，深入农村、科研单位、政务中心，考察调研经济社会发展情况。

　　11日下午，习近平首先来到博鳌乐城国际医疗旅游先行区规划馆，了解先行区功能定位和规划，听取建设情况介绍，察看国产磁控胶囊胃镜机器人等先进医疗设备，并同医疗专家们亲切交流。他强调，实现"两个一百年"奋斗目标，必须坚持以人民为中心的发展思想。经济要发展，健康要上去。人民群众的获得感、幸福感、安全感都离不开健康。要大力发展健康事业，为广大老百姓健康服务。

12 日下午，习近平来到设在三亚市的中国科学院深海科学与工程研究所，看望科技人员和考察科技创新情况。海南省管辖我国三分之二的海洋面积，在开展深海进入、深海探测、深海开发等技术研发方面具有得天独厚的条件。这个所是由海南省人民政府、三亚市人民政府和中国科学院三方联合共建的深海科技研发机构。习近平仔细听取有关我国深海科学研究和探测情况介绍，通过视频短片了解我国首次在马里亚纳海沟开展万米级海底探测情况，并兴致勃勃走进深海探测装备展示区察看各种深海深潜高技术装备。"海斗"号无人潜水器、"海翼"号深海滑翔机、"天涯"号深渊着陆器等深海科考设备吸引了总书记的目光。他拿起采自马里亚纳海沟万米海底的海水样品仔细端详，捧起国产深潜用固体浮力材料掂了掂分量。"深海勇士"号载人潜水器总设计师胡震和潜航员团队围拢过来，总书记同他们一一握手，向他们询问深海下潜的感受和设备的研发、试验情况。他指出，我国是一个海洋大国，海域面积十分辽阔。一定要向海洋进军，加快建设海洋强国。南海是开展深海研发和试验的最佳天然场所，一定要把这个优势资源利用好，加强创新协作，加快打造深海研发基地，加快发展深海科技事业，推动我国海洋科技全面发展。

离开研究所时，科研人员纷纷围聚过来，向总书记问好。习近平勉励大家要献身祖国科技研发事业，努力抢占科技发展制高点，研究出更多更好成果，推动科研同实际应用相衔接，为国家现代化建设贡献更大力量。

随后，习近平冒着 30 多摄氏度的高温来到国家南繁科研育种基地。海南是我国重要的农作物种子繁育基地。每年冬春季节，数以千计的科学家、技术员从全国各地聚集到这里育种、制种。蛙鸣鸟啼，稻花飘香。习近平沿着田埂走进"超优千号"超级水稻展示田，察看水稻长势，同袁隆平院士等农业科技人员亲切交谈，了解水稻育制种产业发展和推广情况。听到我国科研人员培育的超级杂交稻品种屡创世界水稻单产最高纪录，习近平十分高兴。他强调，十几亿人口要吃饭，这是我国最大的国情。良种在促进粮食增产方面具有十分关键的作用。要下决心把我国种业搞上去，抓紧培育具有自主知识产权的优良品种，从源头上保障国家粮食安全。海南热带农业资源十分丰富、十分宝贵。国家南繁科研育种基地是国家宝贵的农业科研平台，一定要建成集科研、生产、销售、科技交流、成果转化为一体的服务全国的"南繁硅谷"。

13 日上午，习近平来到位于海口市的海南省博物馆，参观海南建省办经济特区 30 周年成就展。一张张照片，一幅幅图表，一件件实物，记述了海南 30 年来特别是党的十八大以来在改革开放和社会主义现代化建设方面的成就。习近平不时驻足观看，边走边问，详细了解海南建省以来的发展历程。他强调，贯彻落实党中央决策部署，不是喊口号，要经过深入调研，结合当地实际，形成符合党中央精神的行之有效的具体举措。他深情对大家说，海南建省办经济特区 30 年来，从一个欠发达的边陲海岛发展成为我国最大的经济特区和驰名中外的国际旅游岛，改革开放实现重大突破，经济社会发展取得巨大成就，充分证明党中央关于海南建省办经济特区的决策是正确的。今年是改革开放 40 周年，我们要总结经验、乘势而上，在新起点上推动改革开放实现新突破。海南要充分利用地缘优势、资源优势、生态优势、政策优势，着力在体制机制创新和发展思路模式创新上下功夫，谱写美好海南新篇章。

博物馆中的生态建设馆展示了海南坚持绿水青山就是金山银山、实施生态立省战略取得的可喜成绩。习近平察看了热带海洋岛屿动植物物种基因库样本，观看了自然保护区实时监控画面，听取了海南空气质量监测数据分析，对海南省重视生态环境保护的做法表示肯定。他强调指出，我们党提出生态文明建设是一个历史性贡献。青山绿水、碧海蓝天是海南最强的优势和最大的本钱，是一笔既买不来也借不到的宝贵财富，破坏了就很难恢复。要把保护生态环境作为海南发展的根本立足点，牢固树立绿水青山就是金山银山的理念，像对待生命一样对待这一片海上绿洲和这一汪湛蓝海水，努力在建设社会主义生态文明方面作出更大成绩。

博物馆门前广场上，海南省部分劳动模范和行业代表以热烈掌声和欢呼声欢迎总书记的到来。习近平同他们亲切握手，并向大家问好。

离开博物馆，习近平乘车前往海南省政务数据中心。他走进数据中心大厅，通过巨幅屏幕察看数据中心建设运行情况以及在"多规合一"等领域的应用展示，并到大厅省直部门值守岗位同正在值班的工作人员亲切交谈，察看数据中心在旅游、防灾减灾等方面的应用演示。习近平对海南省信息化建设工作表示肯定，强调加快政府大数据平台建设是提高社会治理能力和水平的迫切要求。各级党委和政府要强化互联网思维，善于利用互联网优势，着力在融合、共享、便民、安全上下功夫，推进政府决策科学化、社会治理精细化、公共服务高效化，用信息化手段更好感知社会态势、畅通沟通渠道、辅助决策施政、方便群众办事，做到心中有数。希望海南继续在大数据建设上积极探索，创造更多经验。

接近正午时分，习近平顶着骄阳来到海口市秀英区石山镇施茶村，看望农民群众，考察乡村振兴战略实施情况。这个村坐落在琼北最高的火山脚下，过去因自然条件差，村里没有产业，村民没有收入。近年来，村党支部带领群众发展石斛产业，成为远近闻名的在火山岩上发展互联网种植的明星村，农民人均纯收入超过 1 万元。在村志馆，习近平认真听取介绍，不时询问。对该村以党建为统领，带动农民发展农业产业、增加农民收入、保护生态环境，因地制宜探索出了"企业+合作社+农户"致富路的做法表示肯定。听村支部书记洪义乾讲到村里没有吸毒的、没有打架斗殴的、没有上访的时，他夸奖道："这个很好。"随后，习近平沿着石板路步行进施茶村火山石斛园，边走边听村党支部书记介绍石斛规模化种植、智能喷灌系统、水肥一体化系统运行情况。几位正在园中劳动的村民围过来，兴奋地同总书记握手。村民们告诉总书记，家门口有了石斛园，外出打工的村民们都回乡了，每个月发工资，年底有土地入股分红，日子越过越有奔头。习近平强调，全面建成小康社会，城市和乡村都要发展好。乡村振兴，关键是产业要振兴。要鼓励和扶持农民群众立足本地资源发展特色农业、乡村旅游、庭院经济，多渠道增加农民收入。农村基层党组织要成为带领农民群众共同致富的主心骨和坚强战斗堡垒。

离开村子时，闻讯前来的村民们排起长队，激动地向总书记问好。掌声、欢呼声汇聚在一起，在村庄上空久久回荡。

丁薛祥、刘鹤、何立峰以及中央有关部门负责同志陪同考察。

（《人民日报》2018 年 4 月 14 日）

习近平总书记
在海南考察

习近平总书记重要讲话引发热烈反响

站在更高起点　担当新的使命

——习近平总书记在庆祝海南建省办经济特区 30 周年

大会上的重要讲话在经济特区引发热烈反响

南海之滨，春风浩荡。

"在决胜全面建成小康社会、夺取新时代中国特色社会主义伟大胜利的征程上，经济特区不仅要继续办下去，而且要办得更好、办出水平"，习近平总书记在庆祝海南建省办经济特区 30 周年大会上的重要讲话，充分肯定经济特区建设的历史功绩，深刻总结经济特区建设的宝贵经验，对办好经济特区提出明确要求。认真学习领会习近平总书记重要讲话精神，深圳、珠海、汕头、厦门、海南等 5 个经济特区的干部群众深受鼓舞，倍感振奋，表示要不忘初心、牢记使命，把握好新的战略定位，努力创造无愧于时代的新业绩。

继续发挥好改革开放的重要窗口作用

经济特区是我国最早对外开放的地区，是对外经济交流最活跃的地区，也是最能代表改革开放形象的地区。"经济特区要继续发挥好改革开放的重要窗口作用"，习近平总书记的重要要求，激发起经济特区干部群众的坚定信心和奋斗热情。

"坚持打开国门搞建设，引进来和走出去并重，是深圳发展的重要遵循。"国家"千人计划"特聘专家、深圳市柔宇科技有限公司董事长刘自鸿表示，深圳在科技与经济结合等方面走在全国前列，离不开国内外创新人才的集聚。柔宇科技在 5 年多时间聚集了 15 个国家和地区的 1800 多名人才，柔性电子产品销售到 20 多个国家和地区，正是得益于深圳经济特区的对外开放环境和活跃的对外经贸往来。

"总书记重要讲话激发我们以更开阔的视野、更坚韧的决心，投身厦门经济特区改革开放新作为。"入戏（厦门）网络科技有限公司首席执行官耿卫婷说，作为一家把互联网技术引入影视行业的创新型企业，将更多地思考如何运用科技手段助推文化发展和对外交流，传播中国改革开放的好声音。

以侨为"桥"，引才筑巢，汕头华侨经济文化合作试验区具有鲜明的"侨"和"文化"特色，去年底引进 8 个侨资重点项目，总投资 1500 亿元。汕头华侨经济文化合作试验区党工委书记、管委会主任吴先宏说："学习领会习近平总书记重要讲话精神，我们将坚持开放为先，充分发挥海外华侨华人的优势，探索建立符合海外华侨华人意愿和国际通行规则的跨境投资、贸易机制，引导海内外侨力侨资侨智在试验区集聚发展，把试验区打造成为汕头经济特区深化改革开放的重要窗口。"

始终站在最前沿为全国改革开放探路开路

习近平总书记指出，先行先试是经济特区的一项重要职责，目的是探索改革开放的实现路径和实现形式，为全国改革开放探路开路。

只有敢于走别人没有走过的路，才能收获别样的风景。"总书记要求经济特区要成为改革开放的试验平台，在各方面体制机制改革方面先行先试、大胆探索，给我们以巨大鼓舞和鞭策。"广东珠海市横琴新区党委书记牛敬介绍，通过学习借鉴其他地方先进经验，对标国际投资贸易规则和世界银行营商环境评价指标，横琴新区的改革在重要领域和关键环节取得突破，21 项改革创新案例入选广东自贸试验区制度创新案例，51 项改革创新措施先后成为广东省可复制推广经验的重要组成部分。"改革创新始终是横琴之魂，我们将以制度创新为核心，探索形成更多可复制可推广的经验。"牛敬说。

"经济特区建设历程中的开拓精神和创新思维，是我们国企进一步深化改革的宝贵财富。"厦门联发天地园区开发有限公司总经理张文木表示，作为承担厦门湖里创意产业园暨"特区1980"项目开发和运营的企业，公司将先行先试，探索建立大园区内政府、市场、企业、项目、人才、信息和资金衔接整合机制，各畅其流，发挥更好效应。

"习近平总书记指出，要坚持从人民群众普遍关注、反映强烈、反复出现的问题背后查找体制机制弊端，找准深化改革的重点和突破口。这为我们深入做好基层社会治理工作指明了方向。"厦门市湖里区金安社区党委副书记陈丽铭说，作为厦门市最大的社会保障性住房社区，金安社区将继续创新机制，充分发挥在实践中形成的志愿服务系列品牌效应，进一步提升基层社会治理能力。

当好新时代改革开放的开拓者、实干家

"空谈误国，实干兴邦。只有真抓才能攻坚克难，只有实干才能梦想成真。"经济特区要成为改革开放的开拓者、实干家，习近平总书记的明确要求在经济特区干部群众中激发强烈共鸣。

历史从不眷顾因循守旧、满足现状者，机遇属于勇于创新、永不自满者。

"新时代是奋斗者的时代。经济特区的累累果实是奋斗出来的，美好未来也要靠奋斗去创造。"横琴自贸片区建设3年来，实现地区生产总值年均增长39.2%，吸收利用外资年均增长37.8%。牛敬说，在深化改革、扩大开放的大潮中，要以舍我其谁的信念、勇当尖兵的决心，贡献新时代特区人的智慧和力量。

"科研工作者要大力发扬敢闯敢试、敢为人先、埋头苦干的特区精神，打造真正具有国际影响力、受人尊重的高科技企业，为实施创新驱动发展战略贡献更大力量。"刘自鸿表示。

"习近平总书记在重要讲话中对海南实施乡村振兴战略提出针对性很强的具体要求，为我们发挥热带地区气候优势、做强做优热带特色高效农业指明了方向。"海南省陵水黎族自治县文罗镇五星村党总支书记黄丽萍说，经过多年摸索，村里确立了以种植芒果为基础、种养结合的产业结构，打造特色产业、做强农业品牌，要坚持因地制宜、大胆探索、优化调整，走农业可持续发展之路。

海南三沙市居民供电面临自然条件、工作环境等特殊困难，三沙供电局西沙群岛供电所职工埋头苦干，攻坚克难，保障了三沙居民用上电、用好电。"实现了从无到有，更要努力从有到优。"供电所职工冯乃华说，将进一步设计和创新相关服务流程和标准，完善常态走访机制，建立起"十分钟服务圈"，最大程度地提升服务效率和效益，为三沙"智慧海洋"建设提供有力的基础保障。

（人民日报记者　贺林平　邓　圩　黄晓慧　何　璐）

（《人民日报》2018 年 4 月 15 日）

在新时代新起点上继续推进改革开放

——习近平总书记在庆祝海南建省办经济特区 30 周年大会上的重要讲话在有关部委与专家学者中引发热烈反响

"我们要胜利实现既定战略目标，就要坚定不移坚持中国特色社会主义道路，坚定不移走改革开放这条正确之路、强国之路、富民之路。"改革开放 40 周年之际，习近平总书记在庆祝海南建省办经济特区 30 周年大会上发表重要讲话，在相关部委和专家学者中引发热烈反响。大家纷纷表示，要高举改革开放伟大旗帜，把经济特区办得更好、办出水平，以昂扬的精神状态推动改革不停顿、开放不止步。

坚定信心、凝聚共识，坚定不移走改革开放之路

兴办经济特区，是我们党和国家为推进改革开放和社会主义现代化建设作出的重大决策。40 年来，深圳、珠海、汕头、厦门、海南 5 个经济特区谱写了勇立潮头、开拓进取的壮丽篇章。

"海南等经济特区的成功实践，充分证明了党的十一届三中全会以来形成的党的基本理论、基本路线、基本方略是完全正确的"，对于总书记作出的这一重要论述，海口海关关长陈振冲深表认同，"海南建省初期，外贸基础弱、底子薄，30 年来，作为全国最大的经济特区，海南的外贸有了

跨越式发展，外向型经济新体制亮点频现。"据他介绍，目前海南省对外贸易总值已从 1988 年的 6 亿美元攀升至 2017 年的 103.7 亿美元，增长了 16.3 倍。

2011 年 4 月 20 日起，我国在海南开展离岛旅客免税购物政策（简称离岛免税政策）试点。"政策实行以来，海南免税店的免税销售额、购物人数和人均购物金额都呈逐年平稳增长的态势。"国家税务总局税收科学研究所所长李万甫认为，正是包括离岛免税政策在内的一系列先行先试的特殊政策与灵活措施，让海南经济特区从一个边陲海岛发展为我国改革开放的重要窗口。

"从国内来看，我国经济发展正从规模速度型粗放增长转向质量效率型集约增长，经济发展动力要从传统增长点转向新的增长点，最根本的出路在于深化改革开放；从国际上看，经济全球化趋势不可逆，我们要更加坚定地敞开大门，继续扩大开放。"中国人民银行研究局局长徐忠认为，在中国特色社会主义进入新时代的大背景下，改革开放进入攻坚期、关键期，党中央决定赋予海南经济特区改革开放新的重大责任和使命，必将对构建我国改革开放新格局产生重大而深远的影响。

不忘初心、牢记使命，经济特区要成为改革开放的重要窗口、试验平台、开拓者、实干家

新形势、新任务、新挑战，赋予经济特区新的历史使

命。经济特区要不忘初心、牢记使命，把握好新的战略定位，成为改革开放的重要窗口、试验平台、开拓者、实干家。党中央研究制定的《关于支持海南全面深化改革开放的指导意见》，让各界看到了海南等经济特区发展的光明前景。

——坚持开放为先，实行更加积极主动的开放战略，推动形成全面开放新格局。

"支持海南全岛建设自由贸易试验区，支持海南逐步探索、稳步推进中国特色自由贸易港建设。"连日来，习近平总书记郑重宣布的这一重大决定，成为社会各界瞩目的焦点。

"自由贸易港是当今世界最高水平的开放形态。它依托于独特的港口优势，实行比一般自由区形式（如自由贸易区）更为自由的投资、贸易、金融和人员进出政策，是自由区发展的最高形态。"中国（海南）改革发展研究院院长迟福林说。

——坚决贯彻新发展理念，在推动经济高质量发展方面走在全国前列。

"创新是第一动力，是建设现代化经济体系的战略支撑。"科技部部长王志刚认为，习近平总书记重要讲话为推动海南依靠科技创新支撑引领这一重大国家战略落实指明了方向，也为加快推进科技改革发展、建设创新型国家和世界科技强国提供了遵循。

——在生态文明体制改革上先行一步，为全国生态文明建设作出表率。

"'绿水青山就是金山银山'，习近平总书记紧扣海南自身生态环境优势和定位，为海南未来的发展提出了要求、指明了方向。"生态环境部环境与经济政策研究中心主任吴舜泽说，海南打造国际旅游岛和中国特色自由贸易港，生态环境是最大的潜力，也是最大的优势，"未来应以国家生态文明试验区为载体，加快生态文明体制改革步伐，为子孙留下可持续发展的'绿色银行'。"

勠力同心、真抓实干，推动海南成为新时代全面深化改革开放的新标杆

蓝图已经绘就，梦想就在眼前。习近平总书记的重要讲话，吹响了海南等经济特区在新起点上再出发的号角，也发出了改革开放的最强音。

有关部委纷纷表示，将坚决贯彻党中央决策部署，积极研究制定支持举措，推动海南经济特区成为新时代全面深化改革开放的新标杆，形成更高层次改革开放新格局。

"科技部将以支撑海南生态文明建设、国际旅游岛建设、高质量发展为主线，找准海南科技创新战略定位和特色优势，着力提升海南科技创新能力，在深海、航天、热带农业等领域布局建设一批重大科技创新基地。"王志刚表示，

科技部还将着力支持海南实施重大科技项目、深化科技体制改革，建立符合科研规律、有利于创新开放合作的管理制度。

国家税务总局有关负责人表示，税务部门将全力支持海南全岛建设自由贸易试验区，支持海南在财税管理体制等方面实现新突破，把海南打造成全国营商环境的高地、税收服务的样板、对外开放的窗口。

"海南全岛建设自由贸易试验区，离不开安全便利的通关保障。"海关总署有关负责人表示，将继续在海南优化口岸环境、提高通关效率，深化全国通关一体化改革，为海南省 1500 余家外贸企业提供"全国海关如一关"的通关便利。

专家学者也积极建言，畅想美好新海南。

"海南建设自由贸易港，无论是投资、贸易、金融方面，还是在行政体制、行政区划方面，都要按照最有利于开放的原则来设计。"迟福林举例说，在开放上，海南要以服务业市场全面开放和服务贸易创新发展为重点，全面实行自由贸易港的体制与政策；在改革上，要推进"多规合一"，打造更具活力的体制机制。

"海南经济特区应立足于服务实体经济、防控金融风险和深化金融改革，实行更为宽松、自由和开放的金融制度。"徐忠认为，下一步，海南要从放宽市场准入、促进跨境贸易和投融资便利化、加大金融产品和服务创新力度等方面着手，积极稳妥推进自贸试验区和自由贸易港改革创新。

（综合人民日报记者刘志强、赵永新、杜海涛、

孙秀艳、吴秋余、王珂、王观报道）

（《人民日报》2018 年 4 月 16 日）

人民日报系列评论员文章

坚定不移走改革开放之路

——一论习近平总书记在庆祝海南建省办特区 30 周年大会重要讲话

改革开放是决定当代中国命运的关键一招，是坚持和发展中国特色社会主义的必由之路。

"在决胜全面建成小康社会、夺取新时代中国特色社会主义伟大胜利的征程上，经济特区不仅要继续办下去，而且要办得更好、办出水平。"在庆祝海南建省办经济特区 30 周年大会上，习近平总书记发表重要讲话，充分肯定经济特区建设的历史功绩，深刻总结经济特区建设的宝贵经验，对办好经济特区提出明确要求，对海南全面深化改革开放作出重大部署，充分体现了在新时代新起点上继续把全面深化改革推向前进、形成更高层次改革开放新格局的坚定决心，为新时代改革开放再出发指明了前进方向。

历史，总是在一些特殊年份给人们以汲取智慧、继续前行的力量。今年是我国改革开放 40 周年，也是海南建省办经济特区 30 周年。30 年来，海南主要经济指标实现数十倍甚至百倍增长，从一个边陲海岛发展成为我国改革开放的重要窗口。海南经济特区取得的成就是改革开放以来我国实现历史性变革、取得历史性成就的一个生动缩影。40 年来，从农村到城市，从试点到推广，从经济体制改革到全面深化改革，我们党带领人民在开启改革开放的历史征程中，开辟了中国道路，释放了中国活力，凝聚了中国力量，实现了从"赶上时代"到"引领时代"的伟大跨越，书写了国家和民族发展的壮丽史诗。

海南等经济特区的成功实践，改革开放 40 年来的伟大征程，充分证明中国特色社会主义道路是实现社会主义现代化、创造人民美好生活的必由之路；充分证明无论改什么、改到哪一步，都要坚持党的领导；充分证明改革开放是当代中国发展进步的活力之源，是党和人民事业大踏步赶上时代的重要法宝；充分证明党中央关于兴办经济特区的战略决策是完全正确的；充分证明人民是改革的主体，是推动改革开放的强大力量。

没有改革开放，就没有中国的今天，也就没有中国的明天。这是一条正确之路，正是改革开放这场新的伟大革命，让我们成功开辟出中国特色社会主义道路，不断推动了社会主义制度的自我完善和发展，让社会主义中国巍然屹立在世界东方。这是一条强国之路，正是改革开放极大解放和发展了社会生产力，使我们稳居世界第二大经济体位置，迎来了从站起来、富起来到强起来的伟大飞跃，迎来了实现中华民族伟大复兴的光明前景。这是一条富民之路，正是改革开放让 7 亿多贫困人口成功脱贫，形成了世界上最大规模的中等收入群体，人民生活从短缺走向充裕、从贫困走向小康。

历史从不眷顾因循守旧、满足现状者，机遇属于勇于创新、永不自满者。在庆祝大会上，习近平总书记宣布党中央决定支持海南全岛建设自由贸易试验区，支持海南逐步探索、稳步推进中国特色自由贸易港建设，分步骤、分阶段建立自由贸易港政策和制度体系。这是我国扩大对外开放、积极推动经济全球化的重大举措。按照习近平总书记提出的要求，发扬敢闯敢试、敢为人先、埋头苦干的特区精神，以昂扬的精神状态推动改革不停顿、开放不止步，中国人民一定会在中国特色社会主义道路上越走越自信、越走越自豪。

把经济特区办得更好办出水平

——二论习近平总书记在庆祝海南建省办
特区 30 周年大会重要讲话

只有敢于走别人没有走过的路，才能收获别样的风景。

"新形势、新任务、新挑战，赋予经济特区新的历史使命，经济特区要不忘初心、牢记使命，在伟大斗争、伟大工程、伟大事业、伟大梦想中寻找新的方位,把握好新的战略定位。"在庆祝海南建省办经济特区 30 周年大会上,习近平总书记深情回顾党和国家兴办经济特区的重大决策,高度肯定海南等经济特区改革发展事业取得的不凡成就,以更高站位、更宽视野、更大力度谋划和推进改革开放,对新时代进一步办好经济特区提出明确要求。真挚的话语、殷切的嘱托,为我国经济特区擘画美好未来提供了遵循,激发起重整行装再出发的强大动力。

兴办经济特区,是我们党和国家为推进改革开放和社会主义现代化建设作出的重大决策。数十载砥砺奋进,深圳、珠海、汕头、厦门、海南 5 个经济特区不辱使命,在体制改革中发挥了"试验田"作用,在对外开放中发挥了重要"窗口"作用,为中国特色社会主义理论形成和发展提供了丰富素材和鲜活经验,为全国改革开放和社会主义现代化建设作出了重大贡献,经济特区的勃兴成为中国改革开放的重要历史见证。实践充分证明,创办经济特区是我国改革开放的重要方法论,是推进改革开放行之有效的办法,党中央关于兴办经济特区的战略决策是完全正确的。

今天,走进新时代的中国站在了新的历史起点。为在新起点上推动改革开放实现新突破,形成更高层次改革开放新格局,因改革开放而生、因改革开放而兴的经济特区不仅要继续办下去,而且要按照习近平总书记的要求,办得更好、办出水平，为全国提供更多可复制可推广的经验。

把经济特区办得更好办出水平，要发扬开拓者的精神，让特区成为改革开放的试验平台。先行先试是全面深化改革开放的一条重要经验，也是经济特区的一项重要职责。在很多领域的改革突入"无人区"的今天，经济特区要勇于扛起历史责任，发扬敢闯敢试、敢为人先、埋头苦干的特区精神，坚持摸着石头过河，逢山开路，遇水架桥，在体制机制改革等各方面先行先试、大胆探索，在实践中求真知，在探索中找规律，不断形成新经验、深化新认识、贡献新方案，始终站在改革开放最前沿。

把经济特区办得更好办出水平，要秉承实干家的态度，让特区成为改革开放的重要窗口。作为我国最早对外开放的地区、对外经济交流最活跃的地区，也是最能代表改革开放形象的地区，经济特区要保持爬坡过坎的压力感、奋勇向前的使命感、干事创业的责任感，坚持打开国门搞建设，坚持引进来和走出去并重，同各国扩大双向贸易和投资往来，共建开放型世界经济，务实求变、务实求新、务实求进，以昂扬的精神状态推动改革不停顿、开放不止步。

"积土而为山，积水而为海。"一切伟大成就都是接续奋斗的结果，一切伟大事业都需要在继往开来中推进。回首既往，一代代经济特区建设者以智慧、勇气、汗水书写了辉煌篇章。展望未来，让我们百尺竿头更进一步，把经济特区办得更好、办出水平，为实现中华民族伟大复兴的中国梦凝聚磅礴力量。

形成更高层次改革开放新格局

——三论习近平总书记在庆祝海南建省办特区 30 周年大会重要讲话

历史从不眷顾因循守旧、满足现状者，机遇属于勇于创新、永不自满者。

"海南要高举改革开放旗帜，创新思路、凝聚力量、突出特色、增创优势，努力成为新时代全面深化改革开放的新标杆，形成更高层次改革开放新格局。"在庆祝海南建省办经济特区 30 周年大会上，习近平总书记郑重宣布党中央支持海南全岛建设自由贸易试验区，支持海南逐步探索、稳步推进中国特色自由贸易港建设，分步骤、分阶段建立自由贸易港政策和制度体系。海南的改革发展迎来又一个明媚的春天。"形成更高层次改革开放新格局"，成为海南等经济特区乃至整个中国新的奋斗目标。

因改革开放而生，因改革开放而兴，海南之所以能从一个边陲海岛发展成为我国改革开放的重要窗口，正是得益于深化改革、扩大开放，得益于 30 年来的大胆探索、进取开拓。如今，海南发展正迎来新的重大历史机遇。全岛建设自由贸易试验区，是党中央对海南改革开放"试验田"的高度认可；瞄准自由贸易港这一当今世界最高水平的开放形态，是时代赋予海南的重大责任和使命。以更高的站位、更宽的视野、更大的力度谋划和推进改革开放，着力打造全面深化改革开放试验区、国家生态文明试验区、国际旅游消费中心、国家重大战略服务保障区，海南必将成为展示中国风范、中国气派、中国形象的靓丽名片。

形成更高层次改革开放新格局，必须抓住机遇，坚持开放为先。海南要实行更加积极主动的开放战略，加快建立开放型经济新体制，推动形成全面开放新格局；要以制度创新为核心，大胆试、大胆闯、自主改，加快形成法治化、国际化、便利化的营商环境和公平开放统一高效的市场环境，打造开放层次更高、营商环境更优、辐射作用更强的开放新高地，在建设 21 世纪海上丝绸之路重要战略支点上迈出更加坚实的步伐。

形成更高层次改革开放新格局，必须解放思想，下大气力破除体制机制弊端，不断解放和发展生产力。当前，改革又到了一个新的历史关头。要实现改革大的突破，必须坚持解放思想和实事求是的有机统一，既总结国内成功做法又借鉴国外有益经验，既大胆探索又脚踏实地，敢闯敢干，大胆实践，多出可复制可推广的经验，带动全国改革步伐。在更高起点谋划和推进改革，复杂程度、敏感程度、艰巨程度不亚于 40 年前，必须敢于较真碰硬，勇于破难题、闯难关，在破除体制机制弊端、调整深层次利益格局上再啃下一些硬骨头，强化改革举措系统集成，科学配置各方面资源，形成更加成熟更加定型的制度体系。

海南过去取得的成就，是我国历史性变革和成就的缩影。习近平总书记对海南作出的战略部署，是在新时代新起点上改革再出发的重要遵循。以海南自由贸易港建设为契机，中国将继续扩大开放、加强合作，与世界共享中国发展机遇、共享中国改革成果。打造新时代全面深化改革开放新标杆，形成更高层次改革开放新格局，中国必将为世界经济的发展注入强大动能、作出新的贡献。

让中国特色社会主义更有说服力

——四论习近平总书记在庆祝海南建省
办特区 30 周年大会重要讲话

一滴水可以反映出太阳的光辉，一个地方可以体现一个国家的风貌。

"如果海南岛更好发展起来，中国特色社会主义就更有说服力，更能够增强人们对中国特色社会主义的信心。"在庆祝海南建省办经济特区 30 周年大会上，习近平总书记勉励海南争创新时代中国特色社会主义生动范例，成为展示中国风范、中国气派、中国形象的靓丽名片。深情的嘱托，激发起海南干部群众开拓进取、奋勇拼搏的旺盛热情，鼓舞起全国各族人民全面深化改革开放的昂扬干劲。

兴办经济特区，是中国特色社会主义发展过程中的重要一步。早在 1984 年，邓小平同志在视察深圳、珠海、厦门经济特区后就曾提出："我们还要开发海南岛，如果能把海南岛的经济迅速发展起来，那就是很大的胜利。"海南岛和台湾的面积差不多，自 30 年前划定为经济特区之后，海南获得了前所未有的发展机遇，进入了深化改革、扩大开放的历史新阶段，成为我国改革开放的重要窗口。海南等经济特区的巨大变化，充分体现中国特色社会主义道路的卓越成就，充分证明改革开放是决定当代中国命运的关键一招。40 年来，我们党带领人民开辟的中国特色社会主义道路昭示世人，通向现代化的道路不止一条，只要找准正确方向、驰而不息，条条大路通罗马。

让中国特色社会主义更有说服力，发展是硬道理。从一个年生产总值仅有 57.28 亿元的边陲海岛，发展成年生产总值达 4462.5 亿元的国际旅游岛，海南的发展成就，是我国改革开放历史性进步的缩影。当前，我国经济已由高速增长阶段转向高质量发展阶段，海南要坚决贯彻新发展理念，探索实现更高质量、更有效率、更加公平、更可持续的发展，确保如期实现《中共中央国务院关于支持海南全面深化改革开放的指导意见》确定的目标。

让中国特色社会主义更有说服力，人民是中心和主体。

坚持人民主体地位，发挥群众首创精神，从人民群众普遍关注、反映强烈、反复出现的问题背后查找体制机制弊端，我们才能找准深化改革的重点和突破口。始终把人民利益摆在至高无上的地位，着力提高保障和改善民生水平，不断完善公共服务体系，不断促进社会公平正义，改革发展成果才会更多更公平惠及人民。

让中国特色社会主义更有说服力，实干是必由之路。继续发扬敢闯敢试、敢为人先、埋头苦干的特区精神，保持爬坡过坎的压力感、奋勇向前的使命感、干事创业的责任感，以舍我其谁的信念、勇当尖兵的决心大胆探索，以实事求是、真抓实干的态度务实求变、务实求新、务实求进，就一定能抓住难得的历史机遇，成为新时代全面深化改革开放的新标杆。

"道虽迩，不行不至"，一切伟大的成就都是接续奋斗的结果，中国特色社会主义是在一代又一代人的接续奋斗中实现的。习近平总书记对海南的要求和期待，也是对全国各地的要求和期待。沿着中国特色社会主义道路，在历史前进的逻辑中前进、在时代发展的潮流中发展，中国的改革开放必然成功，中华民族一定会对人类做出新的更大贡献。

（《人民日报》2018 年 4 月 14、15、16、17 日）

谱写美丽中国的海南篇章

——以习近平同志为核心的党中央关心海南发展纪实

碧海映空，春潮拍岸。

万物勃发的季节，海南迎来了建省办经济特区 30 周年。5 年前，正是此时，习近平总书记考察海南，开启了海南新一轮跨越式发展的浩荡征程。

党的十八大以来，以习近平同志为核心的党中央高瞻远瞩、统筹谋划，立足海南实际，作出一系列重大决策部署，为新时代海南发展指明了前进方向、规划了清晰路径，推动海南经济社会各项事业取得历史性成就、实现历史性变革，创造了中国特色社会主义的实践范例，谱写了美丽中国的海南篇章。

跨越发展的非凡历程

——以习近平同志为核心的党中央高瞻远瞩、因地制宜，
　为新时代海南发展指明了方向

阳光璀璨、椰影婆娑的海滨小镇博鳌，再次站在了全球

聚光灯前。

4月8日至11日，博鳌亚洲论坛2018年年会在此举行，来自世界各地的数千名政商精英聚首，共话"开放创新的亚洲，繁荣发展的世界"，也在中国改革开放40年之际，共同见证我国最大经济特区海南所发生的人间奇迹。

习近平总书记在论坛年会开幕式上发表主旨演讲。这是他2010年以来第四次来到海南，给900多万海南人民带来庆祝建省办经济特区30周年的莫大鼓舞。

这是一幅改天换地的历史画卷。

1988年4月13日，七届全国人大一次会议正式批准设立海南省，建立海南经济特区，一举将海南岛推向中国改革开放的最前沿。

风雨兼程，沧海巨变。

30年波澜壮阔的奋斗历程和从未停止的探索实践，让昔日的边陲海岛跃升为美丽繁荣的国际旅游岛和活力迸发的经济特区。

对祖国最南端的这片土地，习近平总书记始终深深牵挂。

2010年4月，习近平就曾来到海南，深入琼岛多地考察调研。

2013年4月8日至10日，习近平总书记再次来到海南考察，深入渔港、特色农业产业园、国际邮轮港等进行调研，作出了"加快建设经济繁荣、社会文明、生态宜居、人民幸福的美好新海南"的重要指示，为新形势下海南发展指明了方向。

作为我国最年轻的省份、最大的经济特区，海南具有许多得天独厚的优势——

我国唯一热带岛屿省份，海南岛陆地面积 3.54 万平方公里，与台湾岛相当；海洋面积约 200 万平方公里，拥有1823 公里海岸线；不仅有丰富的热带农业资源、海洋油气资源，更拥有青山绿水、碧海蓝天……

"海南发展起步要晚些，但后发优势多、发展潜力大，具有许多独特的亮丽名片，如全国最大的经济特区、博鳌亚洲论坛永久举办地、国际旅游岛、洋浦开发区、热带农产品主产区等，这每一张名片都蕴藏着深厚发展潜力、孕育着重要发展生机，都可以做出一篇大文章、好文章。"

习近平总书记以对海南独特的区位优势、资源条件和地理特征的深刻理解，经过深入调研思考，为海南未来发展作出清晰战略指引——

"办好经济特区，争创中国特色社会主义实践范例"；

"建设好国际旅游岛，推动经济持续健康发展"；

"做好'三农'工作，推动城乡发展一体化"；

"做好民生工作，努力让人民过上更好生活"；

"加强生态环境保护，谱写美丽中国的海南篇章"；

"加强干部队伍和人才队伍建设，为国际旅游岛建设提供坚强组织和人才保证"。

……

着眼长远、立足实际，语重心长、谆谆嘱托。

习近平总书记的重要讲话对海南如何进一步发挥优势、挖掘潜力，如何加快建设国际旅游岛、在更高起点上推进经济特区建设、决胜全面建成小康社会等，提出了特别全面、特别系统、特别有针对性的要求，是指导海南当前和今后长远发展的根本指针。

击鼓扬鞭再奋蹄，砥砺奋进谱新篇。

党的十八大以来，海南各项事业实现了跨越式发展：2017 年全省实现地区生产总值 4462.5 亿元，五年间迈上两个千亿台阶，年均增长 8.1%；城乡居民人均收入分别年均增长 9.6% 和 11.7%；服务业对经济增长贡献率达 79.5%，旅游业转型升级步伐加快，年接待游客总人数从 3320 万人次跃升到 6745 万人次；基础设施建设取得重大突破，城乡面貌焕然一新；改革开放纵深推进，体制机制活力彰显；生态保护与建设力度加大，环境质量持续全国领先……

不辱使命，不负重托。在以习近平同志为核心的党中央坚强领导和亲切关怀下，海南广大干部群众凝心聚力、锐意进取、埋头苦干，交出了一份建设美好新海南的亮丽答卷。

中国特色社会主义的生动实践

——以习近平同志为核心的党中央高度重视海南进一步深化改革、扩大开放，寄望把我国最大经济特区办得更好

海口西海岸盈滨半岛、美仑河畔，优美的环境中，坐落着一个"国家级科技企业孵化器"——海南生态软件园。

"入驻企业，3 个小时内工商注册、税务登记、银行开户、公安刻章等依法完成。"园区负责人杨淳至说，作为海南省"多规合一"改革试点园区，海南生态软件园推行"极简审批"，改革推行后，去年一年时间新增企业达 1000多家，是过去 8 年入园企业的总和。

"多规合一""极简审批"，这些词汇鲜明透露出海南作为经济特区之"特"。打造制度创新的高地，而非依靠优惠政策的洼地，这正是改革的初衷。

作为全国最大、唯一的省级经济特区，海南始终承担着改革开放试验田的重要职责。

"改革开放是决定当代中国命运的关键一招，是决定实现'两个一百年'奋斗目标的关键一招。当然，改革开放也是发展海南的关键一招。"习近平总书记 2013 年考察海南时，要求海南发扬经济特区敢闯敢试、敢为人先的精神，在打造更具活力的体制机制、拓展更加开放的发展局面上走在全国前列。

海南的一项改革两次上了中央全面深化改革领导小组的会议。

2015 年 6 月，习近平总书记主持召开中央深改组第十三次会议，同意将海南作为全国第一个以省域为单位开展"多规合一"改革试点省份。当年 9 月，《海南省总体规划纲要》发布，整合六大空间规划的统筹，确保海南发展"一张蓝图干到底"。

这是没有先例可循的探索，需要拿出披荆斩棘的勇气，更要有运筹帷幄的智慧——

成立全国首个省级规划委、梳理化解规划矛盾、划定生态红线、限定开发边界、优化空间布局、统筹全省产业发展……

一张蓝图之下，"无序开发""无限制扩张"得到有效遏制——

在海口市，建设规模为 1.28 万亩的南渡江流域某土地整治项目被叫停；

在乐东县，尖峰镇海滨村数十栋楼房因处于海岸线 200 米生态保护红线区内被依法拆除；

在儋州市，光村银滩某项目将 30 多公顷的建设用地调整为海防林……

改革以特区特有的行动力被迅速落实。

一年之后，2016 年 6 月，习近平总书记再次主持召开中央深改组第二十五次会议，称海南"多规合一"改革"迈出了步子、探索了经验"，并要求中央有关部门加强统筹指导，给予海南充分肯定和鼓舞。

"要勇于冲破思想观念的束缚和利益固化的藩篱，在完善基本经济制度和深化收入分配制度改革、行政管理体制改革、行政审批制度改革、财税金融体制改革、城乡发展一体化改革等方面取得更大进展，为海南发展注入强劲动力。"习近平总书记为海南一一列出改革任务清单。

重任在肩，落实在行。党的十八大以来，海南发扬敢闯敢试、敢为人先、埋头苦干的特区精神，掀起了新一轮全面深化改革的大潮。

——"放管服"改革起步早、力度大，走在全国前列，推行"极简审批""不见面审批"，五年累计减少审批事项1206项，减幅达80.4%；

——新一轮农垦改革破局开路，瞄准体制机制深层次问题，全面完成农场转企改制和垦区集团化改革，为全国农垦改革提供"海南经验"；

——司法体制改革先行先试，生态文明体制改革持续深化，盐业体制改革顺利完成，林业、空域精细化管理等改革取得重要进展，"三医联动"等改革顺利推进……

改革春风激活了经济发展的"一池春水"。

过去5年，海南新增市场主体31.8万户，全省67万市场主体朝气勃发。

向改革要动力，向开放要活力。

"海南对外开放基础较好，具有面向东盟最前沿的区位优势，又是一个独立的地理单元，应该在开放方面先走一步。"习近平总书记对海南的对外开放也作出明确要求。

党的十八大以来，海南以开放倒逼改革，开展一系列高层次外交外事活动和区域经贸文化交流活动，形成了全方位、多层次、宽领域的对外开放新格局。

习近平总书记始终关心和高度重视博鳌亚洲论坛发展。2010年、2013年、2015年和今年，先后四次出席论坛并发表主旨演讲。"希望博鳌亚洲论坛发挥自身优势，为亚洲繁荣发展作出更大贡献。"习近平总书记对论坛发展寄予厚望。

今年的博鳌亚洲论坛2018年年会，来自各国的2000多位各界嘉宾汇聚一堂，共商合作共赢大计，为亚洲和世界提供了"博鳌智慧"，贡献了"博鳌力量"，论坛之规模和影响创造历年之最。

从昔日名不见经传的小镇，到如今风云际会的"亚洲之星"，博鳌亚洲论坛已成为海南不断走向开放、不断融入世界的重要平台和提升国际知名度的重要名片。

"特别是要把国家赋予你们的开放政策用足用好，努力使海南成为我国服务业对外开放的重要窗口。"习近平总书记特别叮嘱。

3 月 31 日，美丽的万泉河畔。

博鳌乐城国际医疗旅游先行区的博鳌医院正式开业，备受关注的预防宫颈癌九价疫苗有望在这里开放接种，成为海南服务业对外开放的又一亮点。

允许境外资本设立医疗机构，降低医疗器械和药品进口门槛，放宽境外医师执业时间……一项项含金量极高的政策，将为解决国人出境看病、体检、美容、打疫苗等医疗卫生领域问题迎来希望。

26 国入境免签、离岛购物免税，开通国际航线 57 条，去年海口、三亚两个国际机场吞吐量突破 4000 万人次……以国际旅游岛建设为契机，海南正以更加开放的姿态向世界张开怀抱。

充分发挥地理优势，积极融入和参与"一带一路"建设，出台《海南省参与"一带一路"建设对外交流合作五年行动计划》，海口、三亚成为国家"一带一路"重要支点。2017 年，海南省与海上丝绸之路沿线国贸易额同比增长 14.8%。

海南因改革开放而生，也因改革开放而兴。迈进新时代，作为特区的海南，只争朝夕、奋勇争先，琼州大地正处处涌动着日新月异的滚滚春潮。

人民幸福的满意答卷

——以习近平同志为核心的党中央心系海南百姓，推动做好
民生工作，不断满足人民对美好生活的向往

三亚亚龙湾附近的博后村，山海环抱间有一片美丽花海，游人如织。

2013 年，习近平总书记来到这里，与企业和农民聊发展、话增收，留下了"小康不小康，关键看老乡"的深情嘱托。

五年来，玫瑰谷的迅速发展带动了当地农民脱贫奔小康，昔日盐碱地成了致富沃土。

"总书记来时我每月工资 1800 元，现在涨到 3000 多元。这两年又搞起了旅游，地租标准从每亩每年 2500 元提高到 3300 元，自家 3 亩地每年能有 1 万块钱租金。"家住博后村的黄启娜说。

在企业带动支持下，玫瑰谷周边几个黎族村庄成立了 20 家玫瑰种植合作社，带动 276 户农户，种植面积超千亩，摘掉了"贫困帽"，村里不少农民买了"玫瑰车"，盖起"玫瑰楼"。

利民之事，丝发必兴。

习近平总书记高度重视海南"三农"工作。根据海南热带农业资源得天独厚的优势，他提出了"使热带特色农

业真正成为优势产业和海南经济的一张王牌"的殷切期望。

五年来，按照习近平总书记"做强做精做优热带特色农业"的要求，海南大力促进农业结构优化，推动传统农业向标准化、品牌化、产业化的现代农业转型升级。

淘汰低效农业产业和品种，"腾笼换鸟"打造国家冬季瓜菜生产基地、热带水果和花卉基地；累计调减甘蔗等低效经济作物 51.3 万亩，冬季瓜菜生产规模扩大至 300 万亩；打造乐东蜜瓜、陵水圣女果等高效益水果品牌，初步建成有全国影响力的热带菊花和鲜切叶生产基地……2017 年，海南农业增加值 1012.46 亿元，其中热带特色高效农业增加值占比达 75%，全省各市县农民人均收入首次全部超过 1 万元。

民生冷暖，常挂心头。

走进保亭县什进村，青山隐隐，绿树掩映下，一栋栋黎族风格的"船型屋"楼房引人注目。

2010 年，习近平来到村里时，什进村还是个远近闻名的贫困村。"槟榔木床茅草房，三块石头一口锅"，绝大多数村民住在低矮破旧的茅草房里。

这里引发了习近平对精准扶贫的思考，他当时就提出"扶贫开发要因地制宜、因势利导，在整体推进的同时一定要突出重点，着力解决最困难户的脱贫致富"。

近年来，依托周边两个 5A 级景区，什进村发展起了乡村旅游，村民以土地入股形式参与旅游开发，不仅免费住上新居，还能获得青苗补偿、土地租金、就地就业等收入。2017年，全村人均纯收入达1.3万元，较2010年增长5倍多，真正使国际旅游岛建设成为惠民工程。

习近平总书记指出："海南省地域小、人口少，实行省直管市县的体制，随着经济不断发展，最有条件搞好基本公共服务均等化。"

落实习近平总书记指示精神，海南大力推动建立健全城乡融合发展体制机制和政策体系，城市与乡村建设齐头并进，基本公共服务均等化加快推进，人民生活水平大幅提高——

五年来，坚持"小财政"办"大民生"，财政支出70%以上投入民生，57件民生实事如期全面完成；脱贫攻坚取得决定性进展，5年减少贫困人口61.7万、整村脱贫出列517个；城镇和农村常住居民人均可支配收入年均增长8.6%和10.5%；五项职工社会保险和居民养老、医疗保险实现全省统筹、全省覆盖，低保应保尽保……

一项项民生清单如期兑现，一个个美好愿望化为现实。

琼海市潭门镇中心渔港，数艘崭新的大吨位钢质渔船整齐停靠，桅杆上的五星红旗随着海风猎猎作响。

53岁的"船老大"卢全炳实现了拥有一艘大渔船的毕生心愿。"5年前，总书记来到潭门，鼓励我们造大船、闯大海、捕大鱼，在国家政策补贴下，2014 年底我买了一艘 409 吨的大铁船，现在我们出远海更有底气了。"

如今，潭门镇已建成首批 25 艘 500 吨级钢质渔船，祖祖辈辈以打渔为生的潭门人，收入比五年前翻了一番。

改革发展始终为了满足人民对美好生活的向往，始终依靠人民不断创造璀璨非凡的历史。这是一个小镇的扬帆远航，更是海南的崭新出发。

美丽中国的海南篇章

——以习近平同志为核心的党中央高度重视海南加快国际旅游岛建设，推进生态环境保护，永留青山绿水、碧海蓝天

4 月 5 日上午 10 时，三亚湾，碧波荡漾。

从越南下龙湾驶来的环球邮轮"欧罗巴"2 号缓缓停靠在凤凰岛国际邮轮港码头，来自德国、瑞士、奥地利、英国等 11 个国家的 513 名游客，通过免签及落地签政策，畅享"东方夏威夷"的阳光海浪沙滩。

三亚国际邮轮港是我国首个建成的专用国际邮轮港。2013 年 4 月 10 日，习近平总书记在这里考察时要求加快邮轮港建设，大力发展邮轮产业，并提出"还要建造我们自己的邮轮，为海南国际旅游岛建设作出贡献"。

"总书记的话坚定了我们发展邮轮产业的信心。"邮轮港负责人曾宪云说，五年过去邮轮港从只有一个码头、仅可

供 1 艘 8 万吨的邮轮停靠，到如今又建成两个 15 万吨级码头、在建两个 22.5 万吨级码头，未来可停靠世界上最大的邮轮。

三亚越来越浓的"国际范儿"，正是海南国际旅游岛建设快速推进的鲜活注脚。

"当前和今后一个时期，海南发展的总抓手就是加快建设国际旅游岛。这是中央作出的重大决策，也是海南发展的最大机遇和最强的比较优势。"习近平总书记为海南明路定向。

党的十八大以来，海南紧紧抓住国际旅游岛建设这个"总抓手"，加快形成以旅游业为龙头、现代服务业为主导的服务业产业体系。

过去五年多来，海南旅游业转型升级步伐加快，全域旅游示范省创建顺利开展，旅游业质量效益不断提升——

年接待游客总人数实现翻番达到 6745 万人次，旅游总收入从 379 亿元增长到 812 亿元，2017 年入境游客突破 100 万人次；海洋旅游、康养旅游、森林生态游等特色旅游方兴未艾；第三产业比重提高 8.8 个百分点；全球唯一的环岛高铁通车、博鳌机场建成使用、岛内"田字形"高速公路加快建设……

落实习近平总书记提出的"发展旅游业，既要抓硬件，更要抓软件"要求，海南不断加强旅游公共服务体系建设，先后出台 8 部旅游法规，深入推进旅游综合执法；旅游投诉量连年下降，游客满意度持续提升。

如今的南海明珠，正成为全国人民的四季花园和各国游客的度假天堂。

生态保护，是推进国际旅游岛建设的根本前提。

"青山绿水、碧海蓝天是建设国际旅游岛的最大本钱，必须倍加珍爱、精心呵护。"习近平总书记提出殷殷期待，要求海南加强生态环境保护，谱写美丽中国的海南篇章。

全面贯彻落实习近平总书记指示精神，海南省委和省政府牢牢坚持生态立省战略，将生态环境列为海南"三大优势"之首，采取了一系列措施，推动生态文明建设成效显著、亮点频现。

取消 12 个市县 GDP、固定资产投资和工业增加值的考核；连续五年完成国家节能减排指标；环境执法力度持续加大，坚决查处环境违法案件；全省环境空气质量优良天数比例保持 98% 以上，海口市环境空气质量在全国 74 个考核城市中连续 5 年排名第一。

落实习近平总书记"着力在'增绿'和'护蓝'上下功夫"的指示精神，开展绿化宝岛大行动，五年造林近 200 万亩，森林覆盖率达 62.1%；对全岛 1823 公里海岸线进行专项整治，收回岸线土地 8765 亩。

如今的琼州大地，山更绿、水更清、天更蓝、空气更清新。

走进博鳌镇沙美村，一派田园风光令人心旷神怡，白墙黛瓦、蜿蜒小路、椰林水韵、滨海长廊，"山水林田湖海"在这里完美融和。

2017年4月，习近平总书记对博鳌镇作出重要批示，指出博鳌"应保持和展现小镇的田园风光特色"，为小镇建设指明了方向。

"我们坚决落实习近平总书记批示精神，在实施乡村振兴战略中首先推进生态振兴，严格按照不砍树、不占田、不拆房、就地城镇化的'三不一就'原则，让老百姓真正享受到美丽乡村建设的实惠。"博鳌镇党委书记冯琼说。

在生态保护中探索人与自然的和谐发展，海南目前已建成美丽乡村406个，2020年将建成1000个以上。

百镇千村焕新颜，珠连玉串耀琼州。

如今，在美丽新海南的动人画卷上，一个个生态美、百姓富的美丽乡村正成为一道道践行"绿水青山就是金山银山"理念的亮丽风景。

浩瀚南天，浪涛奔涌，海阔天空。

走过建省办经济特区的辉煌30年，经历党的十八大以来的历史性变革和成就，今日之海南，站上了新的历史起点。

逐梦新征程，在以习近平同志为核心的党中央坚强领导下，"而立之年"的海南，乘着新时代的浩荡东风，定将以更加饱满坚毅的姿态，击楫争先、破浪前行，继续书写美丽中国的海南篇章。

（新华社北京 4 月 12 日电　记者凌广志、朱基钗、王晖余

参与采写：赵叶苹、罗江）

（《人民日报》2018 年 4 月 13 日）

春潮拍岸千帆进

——海南特区改革开放 30 年纪实

4 月的海南，木棉花开，三角梅怒放。

南海之滨，千帆齐进，改革开放的浪潮奔腾不歇。

30 年前，我国最大的经济特区——海南经济特区应势而生。

30 年里，海南在先行先试中，为改革开放镌刻下众多载入史册的探索印记。

海阔帆直春潮涌。在新的历史起点上，而立之年的海南特区再出发，劈波斩浪，奋楫争先……

披荆斩棘闯新路，实现国际旅游岛跨越式发展

海南省即将迎来 30 岁生日。

1988 年 4 月 13 日，七届全国人大一次会议正式批准设立海南省，建立海南经济特区。

"我们正在搞一个更大的经济特区，这就是海南岛经济

93

特区。""海南岛好好发展起来，是很了不起的。"邓小平同志在 1987 年 6 月 12 日会见外宾时表示。

带着老一辈革命家的殷切嘱托，带着党中央的深切期望，海南扬帆起航，开启了探索经济特区改革开放的全新之路，奏响了波澜壮阔的发展乐章。

30 年沧桑巨变，昔日的海角天涯，实现了历史性的跨越，深刻地改变着中国的发展版图。专家评价说，海南的发展是中国改革开放的奇迹之一。

建省之初，海南与深圳、珠海、厦门、汕头等城市经济特区有明显的差异，属于典型的城乡二元结构，农村人口多达 80%，黎、苗等少数民族 100 多万，长期属于我国最贫穷落后的地区之一。

统计数据显示，建省时海南人均分配水平只有全国分配水平的 83%，85% 的商品靠内地调进，17% 左右的人口未解决温饱。中部山区甚至还没有脱离"刀耕火种"的生产方式。

很多"老海南"回忆，建省前海口没有一个红绿灯，用电奇缺，蜡烛是海口居民家中的必需之品。"就是一根铁钉也要到岛外去买。"

30 年来，海南主要经济指标实现了数十倍甚至百倍的增长。与建省前的 1987 年相比，2017 年全省地区生产总值增长 21.8 倍，地方一般公共预算收入增长 226.8 倍，城乡居民收入分别增长 30.3 倍和 24.7 倍。

如今，海南成为中国最开放的地区之一。海南在落地签证、航权开放以及国际航线开辟等方面均率先探索实践，打造中国"最开放的天空"。2000 年海南省率先实行落地签证政策，2003 年在全国率先开放第三、四、五种航空运输业务权，2017 年进一步拓展国际航线至 56 条。

2001 年，博鳌亚洲论坛永久落户海南，博鳌从一个名不见经传的小渔村一跃成为举世瞩目的"外交小镇"。海南省外事侨务办主任王胜说，借助博鳌亚洲论坛、中非合作圆桌会议等平台，海南已初步成为向世界展示社会主义实践范例的窗口。

"中国的海南、亚洲的博鳌、世界的三亚"，成为今天海南影响力的重要标识。

建省时，海南只有一个位于海口市中心的军民两用机场，全岛通往内地的航线只有 4 条，年旅客吞吐量 5 万人次。坑坑洼洼的岛内公路上，无论从南到北，还是从东到西，坐汽车通常要跑上一天。

天堑变通途。如今，粤海铁路通道投入使用，开通近200 条国内外航线、337 条海上货运航线、14 条邮轮航线……天涯不再遥远。岛内建起了世界首条环岛高速铁路，田字高速公路网络即将成型，全岛实现了 3 小时经济生活圈。2017 年海口美兰国际机场和三亚凤凰国际机场旅客吞吐量分别突破 2000 万人次和 1938 万人次。

面朝大海，春暖花开。海南成为全国人民向往的四季花园。目前，海南是国内五星级酒店最密集的省份，旅游硬件设施毫不逊色于世界驰名旅游目的地。2017 年全年旅游接待人次达到 6745.01 万。

回首来路，海南的发展历程，并非一帆风顺。

在百废待兴、远离国家经济腹地的海岛，创办中国最大经济特区，如何闯出一条新路？海南建省之初，一直摸着石头过河。

洋浦风波、房地产泡沫、金融风险重灾区……几轮过山车似的起伏沉浮，海南沉寂了多年。1994 年后的连续几年，海南经济陷入低迷期。

惨痛教训使海南省委、省政府认识到，急于求成下的房地产虚热、畸形的产业"空壳化"不能长久，必须脚踏实地，依靠独特资源、环境和区位优势，这是特区经济实现高起点发展、可持续发展的唯一路径。

1995 年，海南省提出了"一省两地"（新兴工业省、中国热带高效农业基地和中国度假旅游胜地）战略。1998 年起海南经济逐渐摆脱低速增长状态，实现了从恢复性增长向稳健发展的转变。

2009 年 12 月 31 日，国务院出台了《关于推进海南国际旅游岛建设发展的若干意见》，这一重大决策，使海南站上了我国改革开放的前沿，走上了一条探索科学发展、开放发展的正确道路。

春风费劲几工夫，披荆斩棘闯新路。从"摸着石头过河"到"一省两地"，再到国际旅游岛，30年来，海南经历了不断探索、不断调整和完善的过程。

"海南30年的发展历程是我国改革开放40年的一个缩影。"中国（海南）改革发展研究院院长迟福林等专家认为，作为"试验田""排头兵"，海南在改革开放这个伟大创举中镌刻下众多彪炳史册的探索印记，经验和启示良多。

——开放促改革、促发展。扩大开放先走一步，既是30年来海南发展的基本实践，也是海南未来发展的一条主线，由此形成海南改革发展的行动路线。实践证明，什么时候开放的步伐快、力度大，海南发展就快；什么时候开放的步伐缓、力度小，海南发展就慢。

——改革永不止步。海南从诞生的第一天就附着改革的基因，30年有近百项改革走在全国前列。在全面深化改革的今天，海南更要驰而不息，在打造更具活力的体制机制方面先行先试。

——特区精神不能弱化。海南30年巨变，根本的动力来自敢闯敢试、敢为人先、埋头苦干的特区精神。在改革进入深水区的今天，更需要弘扬特区精神，"逢山开路、遇水搭桥"，将改革进行到底。

——决不走先污染后治理的老路。1999 年，海南率先在全国提出建设生态省的发展战略，经济快速发展过程中，环境质量持续保持全国领先水平。

牢记嘱托谱新篇，
在争创实践范例中谱写美丽中国海南篇章

历史，由一段一段的航程连接而成。历史前进的步伐，总是因为一个个具有里程碑意义的节点而昂扬激越。

回首海南发展史，这样的节点，许多都在春天的 4 月。

30 年前的 4 月，邓小平同志的构想变为现实，中国最大的经济特区横空出世。

5 年前的 4 月，习近平总书记考察海南，要求海南成为实践中国特色社会主义的生动范例。从此，海南踏上了新的征程。

总书记的殷殷冀望，饱含了对海南深化改革的无限期许，赋予了海南在国家改革开放全局中的重大使命。

嘱托在心，重任在肩。5 年来，海南勠力同心，奋勇拼搏，创造了一个个生动的实践范例，书写大特区的担当和使命，谱写美丽中国海南篇章。

改革开放，决定当代中国命运的关键一招，也是特区发展的生命线。海南向改革要动力，向开放要活力，在全面深化改革、全面扩大开放中奋勇前行。

——在全国率先开展省域"多规合一"改革，创新规划管理体制机制，为全省实现"一张蓝图干到底"奠定了关键基础。2016年6月中央深改组评价其"迈出了步子、探索了经验"。

——司法体制改革在全国无先例可循的背景下，在全省法检系统全面铺开、一次到位，有效提升办案质效，被中央政法委称赞"改革步子快、走得稳，成效明显"。

——海南农垦新一轮改革实现政企分开，农场转企改制稳步推进，社会管理属地化基本完成，农垦活力有效激发，为全国农垦系统改革提供了经验。

——率先在全国开展全域旅游示范省创建，"点线面"同步推进，初步实现旅游产业全域共建、全域共融、全域共享，基本形成了"日月同辉满天星、全省处处是美景"的全域旅游发展新格局。

——持续深化"放管服"和商事制度改革，推行极简审批、"不见面"审批，五年来累计减少审批事项1206项，减幅80.4%。

……

"入驻企业，3个小时内工商注册、税务登记、银行开户、公安刻章等依法完成。"海南生态软件园作为省"多规合一"改革试点园区，建立了企业服务超市，推行极简审批。园区负责人杨淳至说，改革推行后，去年一年时间新增企业达 1000 多家，是过去 8 年入园企业的总和。

一连串的改革，一连串的率先，一连串的探索，创造了诸多值得借鉴的海南范例，为海南发展增添了极大活力。5 年来，海南新增市场主体 31.8 万户。2015 年起海口民间投资持续增长，增速位居全国前列。

房地产库存量大、经济发展速度放缓、后劲乏力……5 年前，我国经济发展"新常态"下面临的诸多问题，海南同样存在。

海南省发改委主任符宣朝说，海南积极推进供给侧结构性改革，主动探寻适应"新常态"的经济转型之路，重点发展旅游业、互联网、金融等现代服务业，逐渐摆脱对房地产业的依赖，经济筋骨得以加强。

2017 年服务业对经济增长贡献率达 79.5%，互联网产业、会展业、医疗健康产业、高新技术、教育产业实现了两位数增长。

漫步在海口复兴城互联网创新创业园区内，"车库咖啡""光谷咖啡"等孵化器的标识引人注目，三三两两带着各色工牌的创业者聚集一起"头脑风暴"。园区开发商、海南复兴城产业园投资管理有限公司总裁王喜欢说，2015 年省里提出发展互联网等十二大产业，公司借此东风从开发房地产转型为互联网产业，投资近 3 亿元，对原有商业物业进行改造，建成互联网创新创业园。

以开放促改革，是中国改革的成功经验。海南在开放中促改革，在开放中促发展，勠力打造对外开放新高地。

59 国入境免签、离岛免税购物政策极大带动了海南的对外开放。2016 年，海南成为全国首批服务贸易创新试点省份，大幅度放宽市场准入，扩大服务业对外开放。

良好生态环境是最公平的公共产品，是最普惠的民生福祉。青山绿水、碧海蓝天是建设国际旅游岛的最大本钱。海南实施最严格的生态环境保护制度，着力在"增绿""护蓝"上下功夫，处理好发展和保护的关系，为全国生态文明建设作出表率。

海南省生态环境保护厅厅长邓小刚说，海南连续 5 年完成国家节能减排指标，单位 GDP 能耗、工业增加值能耗双下降，生态环境质量持续保持全国一流，空气优良率保持 99% 以上。海口市环境空气质量在全国 74 个考核城市中连续 3 年排名第一。

"小康不小康，关键看老乡""没有农村现代化，就没有海南的现代化"。海南建立健全城乡融合发展体制机制和政策体系，加速推进"美丽乡村"和公共服务均等化示范区等建设，城市与乡村的建设齐头并进，城乡差距日益缩小。5 年来，海南农村人均收入增幅高于城市居民收入增幅，减少贫困人口 61.7 万，整村脱贫出列 517 个。

海南是全国首批建设美丽乡村试点省份之一。目前全省已建成美丽乡村 406 个，2020 年将建成 1000 个以上。

百镇千村建设兴，珠连玉串缀琼州。如今，在一个个"望得见山、看得见水、记得住乡愁"的美丽乡村建设中，"环境优美、经济繁荣、百姓富裕、社会文明"的美好新海南愿景正逐步实现。

迟福林说，海南推进城乡一体化和公共服务均等化的进程，就是中国特色社会主义范例的生动实践。

"万里春光眼界明"。在新发展理念指引下，海南争创实践范例之路越走越宽广，美丽中国海南篇章越来越壮美。

2017 年全省实现地区生产总值 4462.5 亿元，5 年间迈上两个千亿台阶，年均增长 8.1%。

蓝天碧海，文昌航天发射场箭指太空，三亚国际邮轮港码头万吨邮轮矗立，环岛高铁火车飞驰……

三十而立再出发，

朝着实现中国梦重要窗口的宏伟目标阔步前行

2 月 2 日，外交部蓝厅，海南向世界展示新时代的崭新面貌，向世界发出春天的邀请。

世界与海南相约，海南惊艳世界。

这是党的十九大后外交部举办的首场以"新时代的中国"为总主题的省区市全球推介活动。出席嘉宾的国别以及驻华使节、高级外交官、境外媒体人数和总人数均创历次外交部省区市全球推介活动之最。

"新时代要有新作为。"海南省委书记刘赐贵说，在新的历史时期，海南将以习近平新时代中国特色社会主义思想为指引，充分发挥生态环境、经济特区、国际旅游岛"三大优势"，全面推动新一轮改革开放，真抓实干建设美好新海南。

2017年底，海南出台实施《省与市县财政事权和支出责任划分改革实施意见》《实施新一轮分税制财政体制的方案》……海南以深化"多规合一"作为改革攻坚的主抓手，把全省作为一个大城市大景区来统一规划、建设和管理，推动城乡一体化发展。

三十而立，驰而不息。肩负特区的责任担当，海南不断自我革命，走向改革攻坚的深水区。

从今年1月1日起，实施新的市县发展综合考核评价办法。新办法在取消全省19个市县中12个市县的GDP、固定资产投资考核的同时，加大对资源节约、耕地保护、脱贫攻坚、城乡居民收入等内容的评价。

"这让市县明确了方向，可以让广大干部大胆地立足长远，去做久久为功的事情。"临高县委书记李江华说。

建立健全自然资源资产产权制度；完善生态补偿机制；构建绿色产业体系和以绿色发展为导向的考核评价体系；明确严守海岸带生态红线，全面推行"湾长制"……

海南省委七届二次全会审议通过《关于进一步加强生态文明建设谱写美丽中国海南篇章的决定》，提出了 30 条生态环保硬措施。海南用建省办经济特区近 30 年来最全面、最严格的生态环境保护制度，打造生态文明建设"升级版"。

"决不当房地产加工厂。"海南省省长沈晓明说。海南陆续出台分类商品住宅用地供给管控制度，永久停止中部生态核心区开发新建外销房地产项目等多个政策措施，壮士断腕破除房地产依赖症。

阳春三亚，草长莺飞。中国首家、全球第三家亚特兰蒂斯酒店在海棠湾试营业。3 月 14 日，环球邮轮维京邮轮"太阳号"访问海口，869 名外国游客登岸开启美妙的海南之旅。不断丰富的旅游业态，推动海南旅游产业的全新升级。

通过加快壮大热带特色高效农业、旅游业、互联网产业、海洋产业等 12 个重点产业，海南努力做强实体经济，经济转型迈出坚实的步伐。

4 月的博鳌，春风和煦。以"开放创新的亚洲，繁荣发展的世界"为主题的博鳌亚洲论坛年会即将召开，海南再次为世界瞩目。

目前，海南正在全面提升改造博鳌乃至全省各项基础设施，利用博鳌亚洲论坛等国际化平台深化对外交往。

"一带一路"是我国构建全方位开放新格局的重大战略。王胜说，海南抢抓"一带一路"机遇，以更加开放的胸襟走向世界。

海南是全国较早制定出台《参与"一带一路"建设对外交流合作五年行动计划（2017—2021 年）》的省份。

海南把握面向东盟最前沿的区位优势，加快推动开放型经济，通过不断深化与沿线和周边国家友好关系合作，海南推动打造泛南海经济合作圈，全面深化重点产业国际合作和服务贸易创新发展试点。

开通 50 多条国际（地区）空中航线，未来两年争取增加到 100 条左右；拓展以海南岛为基点的南海邮轮旅游线路图……海南正在加快架设"一带一路"的海空桥梁。

刘赐贵说，将通过不断开放合作把海南打造成为展示中国构建人类命运共同体，实现中华民族伟大复兴中国梦的重要窗口。

浩瀚南海，海天相连。

4 月的海南，春潮拍岸，又是扬帆远航时。

（新华社记者 柳昌林 周正平 涂超华 李金红）

（《海南日报》2018 年 4 月 2 日）

中共海南省委关于深入学习贯彻习近平总书记在庆祝海南建省办经济特区 30 周年大会上的重要讲话精神和《中共中央国务院关于支持海南全面深化改革开放的指导意见》的决定

（2018 年 5 月 13 日中国共产党海南省
第七届委员会第四次全体会议通过）

为深入学习贯彻习近平总书记在庆祝海南建省办经济特区 30 周年大会上的重要讲话（以下简称习近平总书记"4·13"重要讲话）精神和《中共中央国务院关于支持海南全面深化改革开放的指导意见》（以下简称中央 12 号文件），加快建设海南自由贸易试验区和中国特色自由贸易港，争创新时代中国特色社会主义生动范例，让海南成为展示中国风范、中国气派、中国形象的靓丽名片，特作出如下决定。

一、深入学习领会习近平总书记"4·13"重要
讲话和中央 12 号文件精神，进一步统一
广大党员干部群众的思想和行动

1. 充分认识习近平总书记"4·13"重要讲话和中央 12 号文件的重大意义。习近平总书记的重要讲话，着眼于国内国际大局、着眼于新时代、着眼于未来，充分肯定经济特区建设的历史功绩，深刻总结经济特区建设的宝贵经验，对进一步办好经济特区提出明确要求，赋予海南全面深化改革开放新的重大责任和使命。中央 12 号文件对支持海南全面深化改革开放作出重大部署，为海南发展注入了强大动力。这是习近平总书记亲自谋划、亲自部署、亲自推动的重大国家战略，是海南历史上具有里程碑意义的大事和千载难逢的机遇，充分彰显了我国坚定不移走改革开放这条正确之路、强国之路、富民之路，主动参与和推动经济全球化进程，构建更高层次改革开放新格局、推动人类命运共同体建设的坚定决心，充分体现了以习近平同志为核心的党中央治国理政的雄才大略和深谋远虑，对于加快建设经济繁荣、社会文明、生态宜居、人民幸福的美好新海南，更好服务国家重大战略，打造新时代中国特色社会主义新亮点，彰显中国特色社会主义制度优越性，推动实现"两个一百年"奋斗目标、实现中华民族伟大复兴的中国梦，具有极其重大的现

实意义和深远的历史意义。

2. 深刻领会习近平总书记"4·13"重要讲话和中央 12 号文件的精髓要义。习近平总书记"4·13"重要讲话和中央 12 号文件，既有深邃高远的理论指引，又有务实具体的路径安排，是指导海南开启全面深化改革开放新征程、争创新时代中国特色社会主义生动范例的根本遵循和行动纲领。要深刻领会党中央兴办经济特区的初心，把握好新时代经济特区新的历史使命，就是成为改革开放的重要窗口、改革开放的试验平台、改革开放的开拓者、改革开放的实干家。深刻领会海南在我国改革开放和社会主义现代化建设大局中的独特优势、特殊地位和重要作用，把握好战略定位，就是建设全岛自由贸易试验区和中国特色自由贸易港，打造全面深化改革开放试验区、国家生态文明试验区、国际旅游消费中心、国家重大战略服务保障区。深刻领会海南全面深化改革开放的目标任务，把握好党中央的战略意图，就是要坚持开放为先，实行更加积极主动的开放战略，加快建立开放型经济新体制，推动形成全面开放新格局；要站在更高起点谋划和推进改革，下大气力破除体制机制弊端，不断解放和发展社会生产力；要坚决贯彻新发展理念，建设现代化经济体系，在推动经济高质量发展方面走在全国前列；要牢固树立和全面践行绿水青山就是金山银山的理念，在生态文明体制改革上先行一步，为全国生态文明建设作出表率；要坚持以人民为中心的发展思想，不断满足人民日益增长的美好生活需要，让改革发展成果更多更公平惠及人民；要坚持和加强党的全面领导，确保全面深化改革开放正确方向。

3. 把学习贯彻习近平总书记"4·13"重要讲话和中央12号文件精神持续引向深入。学习贯彻习近平总书记"4·13"重要讲话和中央12号文件精神，是我省当前的首要政治任务、是必须长期遵循和全面落实的具体任务。要在全省开展习近平总书记重要讲话和中央12号文件大学习、大宣传、大行动，注重与学习贯彻习近平新时代中国特色社会主义思想结合起来，与学习贯彻党的十九大和十九届二中、三中全会精神结合起来，与落实省第七次党代会和七届二次、三次全会部署结合起来，与深入调查研究、抓好本地区本部门实际工作结合起来，引导全省上下深学细悟做实。各级党委（党组）要把习近平总书记"4·13"重要讲话和中央12号文件，列入理论学习中心组学习的重要内容，原原本本研学，内化于心、外化于行。组织部门和各级党校要加强干部培训。宣传部门要加强舆论引导，开展深度解读，做到入脑入心、家喻户晓。加快发展国际化新型智库，鼓励智库开展专题研究，出谋划策。要引导全社会把思想和行动统一到习近平总书记重要讲话和中央12号文件精神上来，大力弘扬敢闯敢试、敢为人先、埋头苦干的特区精神，坚定舍我其谁的信念、勇当尖兵的决心，时不我待抢抓机遇、真抓实干攻坚克难，推动改革不停顿、开放不止步，在生态文明建设、房地产调控、创造一流营商环境、全面融入国家重大战略、走出欠发达地区高水平开放发展路子、打造廉洁政府等方面争创生动范例，努力成为新时代全面深化改革开放的新标杆。

二、扎实推进中国（海南）自由贸易试验区和中国特色自由贸易港建设，探索建立开放型经济新体制

4. 高标准高质量建设自由贸易试验区。在海南全岛实施现行自由贸易试验区所有试点政策，到 2020 年取得重要进展，力争建成投资贸易便利、法治环境规范、金融服务完善、监管安全高效、辐射带动作用突出的高水平高标准自由贸易试验区。科学规划区域布局，加快建立分工合理、特色鲜明、功能互补的产业体系。对照高水平贸易和投资自由化便利化要求，在海口综合保税区、洋浦保税区等海关特殊监管区域实行更加开放的管理制度，不断拓展业务范围。大幅放宽市场准入，对外资全面实行准入前国民待遇加负面清单管理制度，对标国际通行规则，制定实行更加精简的负面清单。深化现代农业、旅游业、高新技术产业、现代服务业对外开放，在一些重点领域取消外资股比限制和准入限制。最大限度简化外商投资企业设立程序，加快建设具有国际先进

水平的国际贸易"单一窗口"。在海关特殊监管区实行"一线放开,二线高效管住"的货物进出境管理制度,建立一线进出货物负面清单。加强口岸管理部门的执法合作,推进跨部门一次性联合检查。加快发展跨境电商、全球维修、邮轮贸易、保税展示交易等新业态,推动服务贸易转型升级。创新贸易综合监管模式。扩大金融开放,建立自由贸易账户体系,探索开展人民币资本项目可兑换,促进自由贸易试验区企业跨境投融资便利化,稳妥有序开展离岸金融业务。

5. 探索建设中国特色自由贸易港。按照"体现中国特色、符合中国国情、符合海南发展定位"的要求,充分借鉴国际自由贸易港发展经验,以发展旅游业、现代服务业和高新技术产业为主导,打造更高层次、更高水平的开放型经济,到 2025 年初步建立自由贸易港制度、到 2035 年自由贸易港的制度体系和运作模式更加成熟。要及时总结 59 国外国人入境旅游免签政策实施效果,加大出入境安全措施建设,逐步扩大免签范围。在内外贸、投融资、财政税务、金融创新、出入境等方面探索更加灵活的政策体系、监管模式和管理体制,构建人流、物流、资金流自由进出的开放新高地。

6. 构建法治化、国际化、便利化的营商环境。对标国际一流标准,加快构建与国际贸易规则相接轨的体制机制。深化行政审批制度改革,实行全自由贸易试验区审批"一张网""一枚公章管审批",编制全国最少的行政审批事项清单,探索"多规合一"下的"零审批",最大限度取消十二个重点产业的生产经营许可证。加快商事制度改革,全面实施"证照分离",调整下放省级管理权限,推动关联、相近审批事项全链条取消、下放或委托。实行建设项目"一口受理""两验终验",推进"函证结合""容缺后补"等改革。优化"互联网+政务服务",实现"一号申请、一窗受理、一网通办"。建设国际化、便捷化的政务服务体系,推行企业专属政务服务新模式。规范法治化营商环境,构建多元化国际商事纠纷解决机制和国际化的法律服务机构,成立国际专业仲裁调解机构。完善外商投资企业投诉机制,保护外商投资合法权益。加强对产权的司法保护。探索建立普通注销登记制度和简易注销登记制度相互配套的市场主体退出制度。精心组织开展百日大招商(项目)等活动,不断完善招商政策制度体系,积极引进外商投资以及先进技术、管理经验,以最好的资源和最好的服务吸引全世界的投资者参与海南自由贸易试验区(港)建设。

7. 加强风险防控体系建设。建立完善以信用监管为核心的事中事后监管体系。实行"双随机、一公开"监管全覆盖。完善信息化智能化手段,对进出岛人流、物流、资金流进行精准管控。建立集中统一的综合执法体系,提高执法效能。健全贸易风险防控体系,实施货物进口清单管理制度及动态调整机制。优化海关监管方式，完善对国家禁止和限制入境货物、物品的监管，高效精准打击走私活动。建立多部门协作的疫情疫病和有害生物联防联控机制。健全金融风险防控体系，严厉打击非法集资、洗钱、恐怖融资及逃税等金融犯罪活动，守住不发生系统性金融风险的底线。实行最严格的房地产调控措施，完善房地产调控机制，坚决防范炒房炒地投机行为，防止房价大起大落。建立健全重大风险防控的组织管理体系和应急响应机制，及时解决风险防控中的重大问题。

三、加快建设 21 世纪海上丝绸之路重要战略支点，打造我国面向太平洋和印度洋的重要对外开放门户

8. 深度谋划利用好博鳌亚洲论坛。高水平建设好博鳌田园小镇，营造非正式、舒适、和谐的会议氛围，保持和展现小镇的田园风貌特色。加快完善博鳌核心区会议会展设施，建设开展重要外交外事活动和中外人文交流的酒店服务和保障场所，全面提升服务质量与水平。打造好我省参与博鳌亚洲论坛的品牌项目，高水平办好 21 世纪海上丝绸之路岛屿经济分论坛、中国—东盟省市长对话、南海分论坛等海南主题活动以及中非合作圆桌会议等公共外交活动，深度参与澜湄合作，更好服务国家总体外交。充分挖掘利用博鳌亚

洲论坛资源，加强对世界 500 强等行业龙头企业的招商推介，扩大与政界、商界、学界、侨界的交流合作。

9. 加强同"一带一路"沿线国家和地区的务实合作。实施更加开放便利的政策措施，建设 21 世纪海上丝绸之路文化、教育、农业、旅游、科技等交流平台，鼓励沿线国家和地区参与海南自由贸易试验区（港）建设，吸引国际组织在我省设立区域总部和专业性总部，吸引境内外大企业在我省设立国际总部、区域总部或职能总部，以世界一流标准打造海南自由贸易试验区（港）总部经济区。促进与沿线国家和地区航线港口的合作对接，扩大第五航权开放，努力建设亚太供应链中心枢纽和国际快递航空货运枢纽。加快推进琼海农业对外开放合作试验区建设。以南海为地缘纽带，围绕旅游、环境保护、海洋渔业、人文交流、创新创业、防灾减灾等重点领域，加强与沿线国家和地区的合作交流，推动构建"泛南海经济合作圈"。

10. 加强区域合作交流。积极融入粤港澳大湾区建设，谋划建设琼港、琼澳服务业合作园区，依托泛珠三角区域和北部湾城市群合作机制，广泛开展经贸合作，共同推进南海保护与开发，加快建设粤桂琼海洋经济合作区，密切与香港、澳门在海事、海警、海上搜救、经贸、旅游、金融、文化、教育等领域的合作。加强与台湾地区在教育、医疗、现代农业、海洋资源保护与开发等领域合作。深化琼州海峡合

作，推进港航、旅游协同发展。加强与其他自由贸易试验区
的交流合作，共同谋划建设一批合作园区。

四、高起点谋划和推进重点改革，
着力破除体制机制弊端

11. 深化省域"多规合一"改革。进一步优化国土空间
布局和功能定位，完善城镇、旅游度假区、产业园区等各类
开发边界内总体规划和控制性详细规划，细化基础设施和公
共服务设施专项规划。科学合理校核优化生态保护红线、基
本农田、城镇开发边界等，加快完成海洋生物资源保护线、
围填海控制线划定工作，完善市县总体规划。建立常态化、
实时化督察机制，强化各层级规划管控。加快"多规合一"
信息综合管理平台的建设和应用。建立"多规合一"动态
维护机制，推动规划编制和管理规范化、制度化、标准化。

12. 加快推进财税金融体制改革。全面实施现有自由贸
易试验区试点的税收政策，逐步探索建立与中国特色自由贸
易港相匹配的财税管理制度体系。探索实施适应境外股权投
资和离岸业务发展的税收政策。创新投融资方式，规范运用
政府和社会资本合作（PPP）模式，引导社会资本参与基础
设施和民生事业。创新实体经济与金融结合机制，大力发展
普惠金融、互联网金融、绿色金融、科技金融、文化金融等
新型金融业态，大力引进外商独资或控股的银行、证券、保

险、基金、信托、资金管理等金融企业。成立国有控股的海南国际交易所集团有限公司，积极引进境内外战略合作者，加快设立国际能源、航运、大宗商品、产权、股权、碳排放权等交易场所。积极发展创新创业金融，引导海内外资本建立种子基金、天使投资基金、风险投资基金、产业并购基金等，强化对创新成果在种子期、初创期的投入。

13. 深化农垦改革。坚定不移推进垦区集团化、农场企业化，全面巩固新一轮农垦改革成果。完善海垦集团和二级企业投融资管理机制、授权经营和监管机制。鼓励社会资本通过设立农业产业投资基金、农垦产业发展股权投资基金等方式，参与农垦项目和国有农场改革。全面完成农垦国有土地使用权确权登记发证。有序推行土地资源资产化和资本化。以资本为纽带整合垦区产业资源，组建大型产业集团。

14. 深化国有企业改革。全面推行公司制改革，健全公司法人治理结构，建立健全产权清晰、权责明确、政企分开、管理科学的现代企业制度。实行员工持股、股权激励和职业经理人制度。积极推进省属国有企业集团层面混合所有制改革。完善各类国有资产管理体制，根据商业类、公益类企业特点，实施差异化考核。探索政府直接授权国有资本投资、运营公司。实现经营性国有资产统一监管，推进国有企业横向联合、纵向整合和专业化重组，推动国有资本做强做优做大。推进国有企业挂牌上市，提升国有资产证券化水平。

15. 加快推进城乡融合发展体制机制改革。扎实推进房地一体的农村集体建设用地和宅基地使用权确权登记颁证，在全省统筹推进农村土地征收、集体经营性建设用地入市、宅基地制度改革试点，建立不同权属、不同用途建设用地合理比价调节机制和增值收益分配机制，统筹不同地区、拥有不同类型土地的农民收益，推动城乡居民基本权益平等化。深化户籍制度改革，有序推进农业转移人口市民化，推动基本公共服务覆盖全部常住人口。推动城市资本、技术、人才下乡。

16. 加快推进行政区划调整和党政机构改革。落实全省一盘棋理念，按照东、西、南、北、中五大行政区域进行整合，形成"南北两极带动、东西两翼加快发展、中部山区生态保育"的全省总体空间格局，结合经济社会、人口地理、资源禀赋、历史人文、民族区域自治等因素，推进行政区划改革创新，优化行政区划设置和行政区划结构体系。深化行政体制改革，逐步建立与自由贸易试验区、中国特色自由贸易港和服务国家战略相匹配的组织架构和管理体制。认真落实《中共中央关于深化党和国家机构改革的决定》《深化党和国家机构改革方案》，在全国率先完成地方党政机构改革。按照实际需要统筹使用各类编制资源，将职能相近的部门、业务范围趋同的事项相对集中，由一个部门统一管理，将贴近基层和群众的管理服务事务交由下级政府承担，降低行政成本，提高行政效能。行使好国家赋予海南的省级政府自主权，全面提升政府治理能力。改革过程中要确保思想不乱、队伍不散、工作不断、干劲不减。

五、以供给侧结构性改革为主线，
推动经济高质量发展

17. 深化供给侧结构性改革。以培育壮大十二个重点产业为抓手做强实体经济，推进传统产业优化升级，加快发展现代服务业，着力提高供给体系质量。推进旅游业、农业、医疗、文化教育、房地产业等结构性调整，提升产品质量，减少无效和低端供给，扩大有效和中高端供给。加快创建全域旅游示范省，高标准建设一批大型旅游综合体、旅游度假区、特色风情小镇、主题公园、科技博览园等，构建以观光旅游为基础、休闲度假为重点、文体旅游和健康旅游为特色的旅游产业体系。瞄准国际先进水平，聚焦种业、医疗、教育、体育、电信、互联网、文化、维修、金融、航运、物流等重点领域，大力发展现代服务业。引进规划、设计、会计、法律、建筑工程、国际结算、知识产权、广告、影视、会展等国际化专业服务机构，促进服务要素集聚。加快发展数字经济，推动大数据战略、"互联网+"行动，大力推进新一代信息技术产业发展，促进互联网、物联网、卫星导航、人工智能和多种产业融合。大力发展网络文化、游戏动漫、影视制作、虚拟现实、电子竞技等数字创意产业，组建全球数字创意产业联盟。

18. 大力实施创新驱动发展战略。推进省部共建空间对地观测等国家重点实验室，建设航天领域重大科技创新基地。加快建设国家南繁科研育种基地、国家南繁实验室、南繁科技城，建成集科研、生产、销售、科技交流、成果转化为一体的服务全国的"南繁硅谷"，打造国家热带农业科学中心。依托现有医药产业基础，探索开展重大新药创制国家科技重大专项成果转移转化试点。划定特定区域建立检验检疫中心、中转隔离基地（保护区）、基因库、品种交易中心等，建设全球动植物种质资源引进中转基地。建设国际离岸数据中心，探索离岸创新创业跨境投融资，打造国际离岸创新创业示范区。建立健全符合科研规律的科技创新管理制度和国际科技合作机制，完善科研投入、税收、成果转化、科技奖励等政策。完善知识产权保护和运用体系，探索建立自由贸易试验区专业市场知识产权保护工作机制，建设中国（海南）国际知识产权交易所，推进知识产权审判领域改革创新，引入多元化知识产权投融资方式，建立全球性的知识产权投融资市场，探索知识产权证券化。

19. 大力实施乡村振兴战略。按照产业兴旺、生态宜居、乡风文明、治理有效、生活富裕的总体要求，推动公共资源、基础设施、产业发展、公共服务向农村延伸,高水平建设美丽海南百镇千村,建设独具海南特色的美丽乡村。坚持质量兴农、绿色兴农、科技兴农、品牌兴农,深化农业供给侧结构性改革,调整优化产业结构,推动农村一二三产业融合发展,创建生态循环农业示范省和农业绿色发展先行区,打造国家热带现代农业基地。创设海南特色农产品期货品种,建设以天然橡胶、咖啡等为主的国际热带农产品交易中心、定价中心和价格指数发布中心。加快培育新型农业经营主体,发展适度规模经营。继续实施农民增收计划,持续增加农民收入。深入开展农村人居环境整治行动,促进乡村净化、绿化、彩化、亮化、美化。推进城乡基本公共服务均等化。创新乡村治理体系,完善"一核两委一会"乡村治理机制。加强农村思想道德建设,传承发展农村优秀传统文化。

20. 加快构建现代化"五网"基础设施体系。按照适度超前、互联互通、安全高效、智能绿色的原则,实施一批重大基础设施工程。推进海口机场改扩建,推动三亚新机场、儋州机场、东方/五指山机场建设,加密海南直达全球主要客源地的国际航线;推进环岛高铁升级改造,打造琼南、琼北地铁网,推动海口至湛江高速铁路及其他便捷交通方式建设;加快"丰"字型高速公路建设,实现县县通高速,改造提升环岛高速公路,建设环岛滨海旅游公路;优化整合港口资源，提升"四方五港"建设水平，做优做强海口、洋浦港，推动琼州海峡港航一体化，实现旅客和货物无缝对接。建设"数字海南"，推进城乡光纤网络和高速移动通信网络全覆盖，加快实施信息进村入户工程；加快5G商用进程，实现光网全岛覆盖，着力提升南海海域通信保障能力。推进电网主网架结构建设和城乡电网智能化升级改造，开展智能电网、微电网等示范项目建设；建设昌江核电二期等新能源项目，构建以核电、气电、可再生能源为主体的清洁能源发电体系。构建覆盖城乡供气管网，到2020年实现县县通管道气。加快建设迈湾等大型水利枢纽及灌区工程，加快江河湖库水系连通，以高节水标准建设全岛农田水利设施。全面建设海绵城市，加强城市地下空间利用和综合管廊建设，完善全省城镇防洪、防涝、防潮、防台风设施。

六、深入推进国际旅游岛建设，打造具有世界影响力的国际旅游消费中心

21. 进一步开放旅游消费领域。实施更加开放便利的离岛免税购物政策，放宽免税品种限制，提高免税购物限额，实现对离岛旅客全覆盖。按照相关要求逐步放宽邮轮旅游管制，优化对邮轮和邮轮旅客多点挂靠、入境免签、检疫检验等服务，加快建设三亚邮轮母港，在三亚等邮轮港口开展公海游航线试点，开通面向太平洋、印度洋的跨国邮轮旅游航

线以及环海南岛、海上无目的地邮轮航线。放宽游艇旅游管制，推动琼港澳游艇自由行。有序推进西沙旅游资源开发，稳步开放海岛游。

22. 培育壮大旅游消费新业态。全面落实完善博鳌乐城国际医疗旅游先行区政策，促进医疗新技术、新装备、新药品的研发应用，制定实施境外患者到先行区诊疗的便利化政策，打造国际化医疗技术服务产业集聚区。加快发展特色康养旅游。推动文化和旅游融合发展，积极培育艺术、动漫数字、网络娱乐、数字创意、数字阅读等新兴文化消费业态，促进传统文化消费升级。充分用好国家赋予的演艺娱乐业开放政策，加快引进高水平的国际文化演艺节目和品牌，鼓励设立外商投资文艺表演团体（中方控股），设立国际艺术品展示拍卖平台，打造文化旅游产业集聚区。加快建设国家体育训练南方基地和省级体育中心，积极发展沙滩运动、水上运动、赛马运动等项目，打造国家体育旅游示范区。引进和举办国际一流体育赛事。探索发展竞猜型体育彩票和大型国际赛事即开彩票，创新福利彩票和体育彩票规则，探索设立新的票种，适当提高返奖率。研究制定空间规划、土地供给、资源利用等方面的政策措施，支持旅游项目建设。

23. 推动旅游消费提质升级。推动旅游企业优化重组、上市融资，加快形成一批具有国际竞争力的旅游集团。鼓励发展各类生态、文化主题酒店和特色化、中小型家庭旅馆，积极引进国内外高端酒店集团和著名酒店管理品牌，建立体现海南特色、满足国内外游客差异化需求的多元化住宿供给体系。以海口、三亚等区域中心城市为重点，高标准布局建设具有国际影响力的高品位步行街、大型消费商圈和中高端商品保税展示交易中心。完善"互联网+"消费生态体系，建设"智能店铺""智慧商圈"。完善跨境消费服务功能，打造"线上集成+跨境贸易+综合服务"的全球跨境电商贸易服务中心。开展服务消费促进试点。健全旅游服务的标准体系、监管体系、诚信体系、投诉体系，建设商务诚信示范省，营造优质的旅游消费环境。严厉打击扰乱旅游市场秩序的违法违规行为，切实维护旅游者合法权益。整合旅游营销资源，建立健全旅游大外宣机制，扩大海南旅游知名度、美誉度。

24. 提升旅游消费国际化水平。全面放宽旅游市场准入，积极引进国际优质资本和智力资源，采用国际先进理念进行旅游资源保护和开发。加强旅游通道建设，提升国际游客入境便利化水平。积极培育中外合资旅行社，鼓励发展出境旅游业务。加强与世界旅游组织、世界旅游业理事会等国际组织在课题研究、人员培训、体育赛事等方面的合作，利用岛屿观光政策论坛推动区域旅游联合发展。持续推进旅游设施和旅游要素国际化改造，建立与国际通行规则相衔接的旅游管理体制，推动更多企业开展国际标准化组织（ISO）

质量和环境管理体系认证。优化国际会议赛事展览监管，进一步简化展品检疫审批管理，积极引进国际顶级专业会展公司，高水平举办中国（海南）国际商品博览会、国际品牌博览会、国际海洋产业博览会、中国文化旅游博览会和国际电影节。

七、提高海洋资源开发能力，建设海洋强省

25. 加强南海维权和开发服务保障能力建设。制定和实施维权执法基础设施建设总体规划，逐步推进码头、机场航空、船舶、指挥平台等建设。实施南海保障工程，加快推进南海资源开发服务保障基地建设，规划建设海南岛本岛及西沙海域海上救援基地，推进南海海上综合救援保障体系智能化、信息化、科技化，逐步实现海陆空救援保障设施全面覆盖，提升深远海应急救援能力。保障法院行使对我国管辖海域的司法管辖权，完善涉海审判机制，加强海上巡回法庭和岛屿审判点建设，推动涉海刑事案件纳入海事法院专门管辖。探索设立海事检察院。创新渔港投建模式，推进重点渔港建设升级。大力推进渔船避风锚地建设。

26. 高起点发展海洋经济。坚定走人海和谐、合作共赢的发展道路，着力推动海洋经济向质量效益型转变。大力引进国内外航运企业设立区域总部和营运中心，鼓励境内外企业和机构开展航运保险、海损理算、船舶融资租赁等高端航

运服务，努力建设国际航运中心。加快南海油气资源勘探开发，积极推进澄迈等油气勘探生产服务基地建设，高质量发展以洋浦、东方为中心的临港海洋产业，建设大型原油成品油储备中转基地。探索油气产业发展新模式，试点推动民营企业参与南海资源开发。推动省部共建琼东南海域天然气水合物勘查开发先导试验区，加快推进南海天然气水合物、海底矿物商业化开采。加快建设三亚海上旅游合作开发基地。坚持集约、集群、环保、园区化、高技术方向，加快培育海洋医药、海洋生物制品、海洋保健品、海水淡化与综合利用、海洋可再生资源、海洋工程装备研发与应用等新兴海洋产业。推进现代化海洋牧场建设，发展深远海智能养殖渔场和休闲渔业，打造现代渔业产业链。

27. 加快发展海洋科技。加强深海科学技术研究，完善提升深海科研基础设施和条件平台，打造国家深海基地南方中心。积极推进深海技术国家实验室、国家（三亚）深海科技创新中心、中电科海洋信息技术产业基地建设，推动深海空间站、深海载人潜水器、海底观测网等重大装备落户海南。引进我国海洋领域的优势科研机构、高校、央企，共建海洋科技示范园、海洋信息处理基地、先进技术示范推广基地，打造海洋科技中试基地和成果孵化转化基地。开展国家"智慧海洋"南海区域示范建设。

八、推进军民融合深度发展，
打造军民融合创新示范区

28. 建立健全军民融合发展体制机制。完善军地协调、需求对接、资源共享和监督评估机制，构建纵向贯通、横向协同、顺畅高效的组织管理体系。建立健全军民融合政策制度体系，加强统筹协调，推动军地基础设施、科技、教育、医疗等资源共享共用。完善军地土地置换政策，保障军事用地需求，促进存量土地盘活利用。推动军地建设规划体系化衔接，强化军地空间开发和重大工程建设对接。深化空域精细化改革，扩大低空空域开放，理顺民用机场管理体制，先行先试通用航空分类管理改革。

29. 深入实施军民融合工程。依托文昌航天发射场，以保障载人航天、轨道空间、探月工程等国家重大专项任务为中心，做大做强商业卫星发射、重型运载火箭、空间信息应用、航天育种、航天医学、航天科普旅游等航天产业，加快建设海南文昌国际航天城。建立空天海洋信息综合服务平台，推动遥感信息、通用航空等新兴产业融合发展。着力推进南海岛礁海事、海洋、气象等民事项目建设，完善西沙、南沙海上救援、综合执法、设施设备、后勤补给等服务功能，建设生态岛礁，打造南海军民融合精品工程。加快建设国家战略能源储备基地。

九、加快生态文明体制改革，

建设国家生态文明试验区

30. 实行最严格的生态环境保护制度。率先建立生态环境和资源保护现代监管体制，设立国有自然资源资产管理和自然生态监管机构。实行省以下环保机构监测监察执法垂直管理，加快建立更具权威性、专业性的执法队伍。充分运用考核评价、离任审计、损害追责、督察巡视以及公益诉讼等制度利器，推动形成权责一致、党政同责、依法问责、终身追责的制度闭环。编制自然资源资产负债表，建立健全科学规范的自然资源统计调查制度。深化环境资源审批改革，加快形成全过程全方位的环境资源司法保护体系。完善形式多元、绩效导向的生态保护补偿机制。建立健全归属清晰、权责明确、监管有效的自然资源资产产权制度，以及覆盖各类、全民所有的自然资源资产有偿使用制度，建设国际生态产品交易中心，创新生态产品价值实现机制。

31. 筑牢生态安全屏障。深入落实主体功能区战略，建立健全国土空间规划和用途管制制度，严格实施海洋主体功能区规划。建立环境资源承载力监测预警机制。建设海南热带雨林国家公园和海洋国家公园，推进国家湿地公园建设，构建以国家公园为主体、分类科学、保护有力的自然保护地体系。对生态环境脆弱和敏感区域内居民逐步实施生态移民搬迁。严格实施建设用地总量和强度双控行动，推进城市更新改造、整合开发，确保建设用地总量在现有基础上不增加、利用效率稳步提升。坚决打好污染防治攻坚战，持续开展生态环境六大专项整治，实施山水林田湖草系统保护修复等重大工程，构建生态廊道和生物多样性保护网络，提升生态系统质量和稳定性。建立重点海域入海污染物总量控制制度，制定实施海岸带保护与利用综合规划，实行最严格的围填海和占用自然岸线管控制度。加强对海洋生态环境的司法保护。

32. 推进生态环境治理体系和治理能力现代化。构建政府主导、企业和社会共同参与的生态环境治理体系。全面实施河长制、湖长制、湾长制、林长制。探索建立水权分配和转让制度。在重点生态区位推行商品林赎买制度，探索通过租赁、置换、地役权合同等方式规范流转集体土地和商品林，逐步恢复和扩大热带雨林等自然生态空间。实施国家储备林质量精准提升工程，建设乡土珍稀树种木材储备基地。制定实施海南省自然保护区森林经营办法，建设森林旅游示范区。探索建立碳排放权交易体制机制，开展海洋生态系统碳汇试点。加快构建绿色标准体系，建立绿色产品政府采购制度，创建绿色发展示范区。建立环境污染"黑名单"制度，健全环保信用评价、信息强制披露、严惩重罚等制度。在环境高风险领域建立环境污染强制责任保险制度。实行生产者责任延伸制度。加快生态环境监测网络和大数据建设，提高环境管理信息化、系统化、精细化水平。

33. 推动形成绿色生产生活方式。建立产业准入负面清单制度，全面禁止高能耗、高污染、高排放产业和低端制造业发展，构建绿色产业体系。实施能源消费总量和强度双控行动。开展能源综合改革，扎实推动电力和石油天然气体制改革，减少煤炭等化石能源消耗，加快构建以清洁电力和天然气为主体、可再生能源为补充的清洁能源保障体系。开展出口产品低碳认证。建立闲置房屋盘活利用机制，鼓励发展度假民宿等新型租赁业态。探索共享经济发展新模式，在出行、教育、职业培训等领域开展试点示范。科学合理控制机动车保有量，提前实施机动车国六排放标准，加快推广新能源汽车和节能环保汽车。全面禁止在海南生产、销售和使用一次性不可降解塑料袋、塑料餐具，加快推进快递业绿色包装应用。

十、加强和创新社会治理，
不断完善公共服务体系

34. 坚决打赢精准脱贫攻坚战。完善"省负总责、市县抓落实、强化乡镇村主体责任"机制，层层压实责任。坚持精准识贫、精准帮扶、精准退出，整合各类扶贫资源资金，精准投向，抓牢发展产业和实现就业两个关键，注重扶志、扶智，重点攻克深度贫困地区脱贫任务，建立稳定脱贫长效机制，促进脱贫提质增效。到 2020 年，确保与全国同步实现全面建成小康社会，确保现行标准下农村贫困人口实现脱贫、贫困县全部摘帽。

35. 提升社会事业发展水平。大力引进岛外优质教育医疗资源，加快"一市（县）两校一园一院"建设，全面提升教育医疗水平。深化基础教育综合改革，大力实施基础教育提质工程。协调推进"三医"联动改革，深化公立医院综合改革。深入开展社会文明大行动，创建海南文明岛。加快数字图书馆、数字博物馆、网上剧院等建设，构建标准统一、互联互通的公共数字文化服务网络，提升城乡公共文化设施建设管理服务水平。落实全民健身国家战略，推进公共体育服务设施建设。

36. 织密扎牢民生保障网。实施就业优先战略和积极就业政策，大力培育创业就业公共服务平台，推行终身职业技能培训制度。完善劳动用工制度，健全最低工资标准调整和工资支付保障长效机制。开展激发重点群体增收活力改革试点，推进事业单位改革和人才评价机制改革，加快完善与自由贸易试验区和自由贸易港建设相适应、体现工作绩效和分级分类管理的机关事业单位工资分配政策和正常增长机制。全面实施全民参保计划，基本实现社会保险法定人员全覆盖。创新社会救助模式，完善专项救助制度，在重点保障城乡低保对象、特困人员的基础上，将专项救助向低收入家庭延伸。加快推进社会养老服务设施建设。建立健全与本地居民收入水平相适应的住房供应保障体系。

37. 打造共建共治共享的社会治理格局。加强预防和化解社会矛盾机制建设。加快综治中心、雪亮工程、网格化管理"三位一体"建设，构建跨部门政法大数据平台，推进人工智能技术应用，提高社会治理社会化、智能化、法治化、专业化水平。采取有力措施，坚决遏制黄赌毒。加强人口动态数据收集分析，建立健全实有人口基础信息采集、人口信息共享、人口形势协同分析、人口与发展综合决策等机制。推动建立以社会保障卡为载体的"一卡通"服务管理模式。探索行业协会商会类、科技类、公益慈善类、城乡社区服务类社会组织依法直接登记制度，推进行业协会商会脱钩改革。统筹推进基层政权建设和基层群众自治，促进乡镇（街道）治理和城乡社区治理有效衔接，构建简约高效的基层管理体制。加快构建和谐劳动关系。全面推进社会信用体系建设，加快构建守信激励和失信惩戒机制。

十一、大力实施人才强省战略，
完善人才发展制度

38. 加大人才培养力度。打造"南海名家""南海英才""南海工匠"等系列人才培养品牌，着力培养一批具有较强发展潜力的高端人才。制定实施重点产业领域领军型青年人才培养计划。完善职业教育和培训体系，深化产教融合、校企合作，鼓励社会力量通过独资、合资、合作等多种形式举办职业教育。支持海南大学创建世界一流学科，加强热带农林、热带海洋、热带医学、国际旅游等特色学科建设。聚焦特色领域和重点产业，积极引进国内知名高校和研究机构在海南设立分支机构。大力引进境外优质教育资源。鼓励省内外高校、高中阶段学校和学前教育机构开展高水平中外合作办学，创办一批具有海南特色的国际学校。鼓励外国教育机构、其他组织或个人单独举办非义务教育阶段学校和培训机构。制定实施本科以上层次中外合作办学项目部省联合审批办法，完善联合审批机制。通过市场化方式设立专业人才培养专项基金。

39. 推动"百万人才进海南"。深度对接国家级人才计划，完善人才援琼机制。制定实施全省统一的人才政策，吸引集聚懂国际规则、懂国情、懂省情的各类人才。对顶尖人才集中政策和财力予以重点支持，争取团队整建制引进。有针对性地制定实施系列引才计划，面向国内外引进一批学科带头人、科技领军人才、急需紧缺高层次人才和团队。扩大海南高校留学生规模。吸引国内外高校毕业生落户海南，着力解决青年人才就业创业初期的实际需求。创新"候鸟型"人才引进机制，允许内地国企、事业单位的专业技术和管理人才按规定在海南兼职兼薪、按劳取酬。开展国际人才管理改革试点，研究制定外籍、港澳台地区技术技能人员及外国留学生在海南就业、创业、居留等有关规定。探索建立吸引外国高科技人才的管理制度。

40. 优化人才服务环境。进一步放宽人才落户准入，允许各类高层次人才、知名高校和海外留学归国的本科以上毕业生在全省自由落户。实施人才安居政策，通过提供人才公寓、发放购房补贴或租赁补贴等形式多渠道解决人才居住需求，以生态环境优势和居住成本优势增强对省外人才的吸引力。深度推进跨省异地就医住院医疗费用直接结算，扩大异地就医人群范围，鼓励发展商业补充保险。完善高层次人才子女入学、配偶就业、医疗保障等政策。打造人才服务"一站式"平台，开通服务绿色通道，推动落实人才待遇。

十二、坚持和加强党的全面领导，确保全面深化改革开放正确方向

41. 坚定维护党中央权威和集中统一领导。坚持把党的领导贯穿于海南全面深化改革开放全过程，以更高要求全面加强党的领导和党的建设，充分发挥党总揽全局、协调各方的作用，确保改革开放的中国特色社会主义方向。把党的政治建设摆在首位，把坚持党中央权威和集中统一领导作为党

的政治建设的首要任务，坚定执行党的政治路线，严格遵守政治纪律和政治规矩，在政治立场、政治方向、政治原则、政治道路上同以习近平同志为核心的党中央保持高度一致。严格执行新形势下党内政治生活若干准则，完善和落实民主集中制的各项制度，增强党内政治生活的政治性、时代性、原则性、战斗性。加强基层党组织建设，着力提升组织力，增强政治功能，把每一个基层党组织都打造成坚强的战斗堡垒。

42. 坚持用习近平新时代中国特色社会主义思想武装头脑。推进"两学一做"学习教育常态化制度化，深入开展"不忘初心、牢记使命"主题教育，促使广大党员干部坚定理想信念、更新知识观念、掌握过硬本领，在践行"四个意识"和"四个自信"上勇当先锋，在讲政治、顾大局、守规矩上做好表率。牢牢掌握意识形态工作领导权，注重提升网络综合治理能力，坚决维护以政权安全和制度安全为核心的国家政治安全，坚决捍卫中国共产党领导和我国社会主义制度。深化新时代中国特色社会主义和中国梦宣传教育，推动社会主义核心价值观融入社会发展各方面，坚定文化自信。

43. 持之以恒正风肃纪反腐。严格落实全面从严治党的主体责任和监督责任。坚持以上率下，巩固和拓展落实中央八项规定精神成果，严格执行省委省政府三十三条实施细则，坚持不懈改作风转作风，坚决反对特权思想和特权现象。坚持开展批评和自我批评，坚持惩前毖后、治病救人，运用监督执纪"四种形态"，抓早抓小、防微杜渐，重点强化政治纪律和组织纪律，带动廉洁纪律、群众纪律、工作纪律、生活纪律严起来。坚持无禁区、全覆盖、零容忍，坚持重遏制、强高压、长震慑，坚持受贿行贿一起查，坚决夺取反腐败斗争压倒性胜利。完善党内法规制度，加强党风党纪教育，引导广大党员、干部自觉抵制不良风气对党内生活的侵蚀。深化政治巡视，充分发挥巡视巡察、派驻监督的作用。推动全面从严治党向基层延伸，大力整治群众身边腐败问题。加强廉洁政府建设，制定公职人员行为规范守则和具体规章，构建亲清新型政商关系。全面落实监察法，持续深化纪检监察体制改革，实现对所有行使公权力的公职人员监察全覆盖。

44. 建设高素质专业化干部队伍。坚持正确选人用人导向，匡正选人用人风气，落实省委关于认识好干部、培养好干部、用好好干部的十条要求，突出政治标准，着力提拔重用全面践行"四个意识"和"四个自信"、坚决维护党中央权威、全面贯彻执行党的理论和路线方针政策、"忠诚干净、勇于担当、思想解放、能力突出"的好干部。强化干部教育培训，加强与国内发达地区的公务员交流学习，开展公务员国际交流合作，稳妥有序开展公务人员境外培训，注重培养专业能力、专业精神。推进公务员聘任制和分类管理改革，拓宽社会优秀人才进入党政干部队伍渠道。在专业性较强的政府机构设置高端特聘职位，实施聘期管理和协议工资。加强后备干部储备，完善鼓励干部到基层一线、困难艰苦地区历练的机制。完善体现新发展理念和正确政绩观要求的干部考核评价体系。按照"三个区分开来"，建立健全激励机制和容错纠错机制，旗帜鲜明为敢于担当、踏实做事、不谋私利的干部撑腰鼓劲。

45. 切实发挥法治引领和保障改革的作用。推进科学立法、民主立法，提高立法质量，建立健全与国家法律体系相配套、与国际惯例相接轨、与中国特色自由贸易港建设相适应的法规构架。需要调整现行法律或行政法规的，经全国人大或国务院统一授权后抓紧实施。同时，充分发挥经济特区立法权作用，积极争取并行使好国家赋予海南更大的经济特区立法权。探索建立与行政体制改革相适应的司法体制，合理设置司法机关，深化司法体制综合配套改革，全面落实司法责任制，实行法院、检察院内设机构改革试点，建立法官、检察官员额退出机制。

46. 完善狠抓落实的工作机制。严格落实各级党委、政府的主体责任，建立健全工作责任制，形成一级抓一级、层层抓落实工作机制。切实加强省委对全面深化改革开放的领导，省委全面深化改革开放委员会负有对全岛自由贸易试验区和中国特色自由贸易港建设的总体设计、统筹协调、整体推进、督促落实等职能。健全省部协调机制，加强与中央和国家有关部门协同协作，共同研究解决重大问题，推动改革任务落实。各级党委、人大、政府、政协及各有关部门要按照本决定要求，结合《关于贯彻落实习近平总书记在庆祝海南建省办经济特区 30 周年大会上的重要讲话和〈中共中央国务院关于支持海南全面深化改革开放的指导意见〉的任务清单和责任分工》，研究制定条块结合、上下衔接的具体行动计划、工作方案，明确路线图、时间表。各市县各部门贯彻落实情况要及时向省委报告。建立健全改革督察制度，实现督察问责常态化、长效化，确保各项改革开放政策措施落地见效。

全省各级党组织和广大党员干部要更加紧密地团结在以习近平同志为核心的党中央周围，不忘初心、牢记使命，深入学习贯彻习近平总书记"4·13"重要讲话和中央 12 号文件精神，以"功成不必在我"的精神境界和"功成必定有我"的历史担当，发扬钉钉子精神，一张蓝图绘到底，一任接着一任干，加快建设美好新海南，努力打造新时代全面深化改革开放的新标杆，争创中国特色社会主义生动范例，为实现"两个一百年"奋斗目标、实现中华民族伟大复兴中国梦做出新的更大贡献！

（《海南日报》2018 年 5 月 14 日）

中共海南省委
七届四次全会
召开

无限春光来海上

——习近平总书记在海南考察回访记

春牛春杖，无限春光来海上。4月的海南，天青海碧，花红柳绿，孕育着丰硕的希望。

4月11日至13日，中共中央总书记、国家主席、中央军委主席习近平在出席博鳌亚洲论坛2018年年会有关活动后，在中共中央政治局常委、中央书记处书记王沪宁，海南省委书记刘赐贵、省长沈晓明陪同下，先后来到琼海、三亚、海口等地，深入农村、科研单位、政务中心，考察经济社会发展情况。

这是一个有力的验证。今年是中国改革开放40周年，也是海南建省办经济特区30周年。在改革开放时代大潮中，海南砥砺奋进三十载，从一个欠发达的边陲海岛发展成为我国最大的经济特区和驰名中外的国际旅游岛，成为当代中国改革开放的有力缩影。鲜活的"海南实践"，充分证明党中央关于海南建省办经济特区的决策是正确的，充分证明以习近平同志为核心的党中央对海南发展的部署和要求是正确的，充分证明中国特色社会主义具有巨大优越性和强大生命力。

这是一份温暖的关怀。对祖国最南端的这片土地，对改革开放的这一重要窗口，习近平总书记始终深深牵挂。2010年4月，习近平总书记就曾来到海南，深入琼岛多地考察。2013年4月8日至10日，习近平总书记再次来到海南考察，深入渔港、特色农业产业园、国际邮轮港等进行考察，作出了"加快建设经济繁荣、社会文明、生态宜居、人民幸福的美好新海南"的重要指示，为新形势下海南发展指明了方向。

这是一份深切的寄望。在这次的考察中，习近平总书记充分肯定了海南30年来特别是党的十八大以来在改革开放和社会主义现代化建设方面的成就，希望海南总结经验、乘势而上，在新起点上推动改革开放实现新突破。以更高的站位、更宽的视野、更大的力度谋划和推进改革开放，充分发挥生态环境、经济特区、国际旅游岛的优势，真抓实干加快建设美好新海南。

梦想辽阔，人勤春早。三十而立，蓄势待发。海南将以奋斗者的姿态，在习近平新时代中国特色社会主义思想指引下坚定前行！

先行先试　铺设"健康之路"

第一站：2018 年 4 月 11 日下午，琼海，博鳌乐城国际医疗旅游先行区规划馆

精彩回放：实现"两个一百年"奋斗目标，必须坚持以人民为中心的发展思想。经济要发展，健康要上去。人民群众的获得感、幸福感、安全感都离不开健康。

——习近平

万泉河畔，清风拂来满目新。一个生态环境优良、科技水平先进、人与自然和谐的医疗旅游先行区正在博鳌乐城地区崛起。

一滴万泉河水可以折射出太阳的光辉。跳出一隅观全局，放眼中华大地，一条以人民为中心的"健康之路"正积极铺设。

4 月 11 日下午，习近平总书记来到博鳌乐城国际医疗旅游先行区考察。"经济要发展，健康要上去""人民群众的获得感、幸福感、安全感都离不开健康。要大力发展健康事业，为广大老百姓健康服务"……总书记的话暖人心、催奋进。

这条"健康之路"，对博鳌乐城寄予厚望。这里是目前全国唯一由国务院审批的、以医疗旅游为主导的园区，享有

国家给予的独一无二"特许医疗"等 9 条优惠政策。

谆谆嘱托系发展，深深情怀倾民生，亲切关怀和殷切期望温暖着、激励着博鳌乐城再出发。

先行区里说先行

4 月 11 日下午，博鳌乐城国际医疗旅游先行区规划馆门口，几分钟前刚刚向习总书记汇报完博鳌乐城国际医疗旅游先行区发展情况的省卫计委主任韩英伟难掩心中激动："总书记肯定了先行区的探索，我们很受鼓舞，今后要更加努力把工作做好，为人民提供更加优良的健康服务。"

一个个细节，一句句嘱托，令韩英伟难以忘怀。

当天下午，习总书记走进规划馆，了解先行区功能定位和规划，听取建设情况介绍。韩英伟向总书记介绍了先行区产业发展规划、基础设施规划、实施极简审批、项目落地、国际交流合作等情况。

规划馆沙盘上，博鳌乐城国际医疗旅游先行区及周边环境一览无余。万泉河自西向东平缓地流过，冲积出一个个静美的河中岛屿，其中就包括博鳌亚洲论坛永久会址所在的东屿岛和历史悠久的乐城岛。先行区正处于两岛的上游位置，水道曲折蜿蜒，两岸植被青翠，拥有"水—岛—林—田"的独特风光，正是海南传统的鱼米之乡。以现代人的眼光审视，这里也是气候环境舒适、人与自然和谐的养生天堂，为打造健康之城提供了良好的条件。

"这里水系很丰富。"总书记始终高度关心海南的生态环境，一眼看到了博鳌乐城地区最突出的自然条件优势，并特意询问水质情况。

"常年保持优良水质。"韩英伟满怀信心地说。

听取介绍的过程中，总书记在两张图前驻足观看。这两张图，一张是 2015 年先行区的模样，另一张是 2018 年先行区的模样。韩英伟注意到，总书记仔细端详了两张图的今昔对比后，露出笑容。

总书记关心机构落户情况。在先行区，目前有 39 个项目通过医疗技术评估、27 个项目开工建设，其中 7 家康养机构开展运营，博鳌超级医院一期也已建成开业。

改革创新是先行区崛起的原动力：这里实行"四个特许"：特许医疗、特许研究、特许经营、特许国际医疗交流。"总书记当即询问要怎么管得住。"韩英伟回忆，"我介绍了先行区建立的严格监管制度，搭建了特许药械监管平台，实现特许药械一物一码等。"

放得开、管得住，推动先行区持续健康发展。博鳌超级医院，就是这里一个重要创新。

"为什么叫超级医院？"总书记对超级医院的模式创新很感兴趣。博鳌超级医院院长、中国工程院院士李兰娟详细介绍了有关情况。超级医院充分发挥"国九条"优惠政策优势，创新管理运营模式，积极探索一个共享医院平台与若干个临床医学中心搭建起来的"1+X"模式，吸引了临床医学领域院士和学科带头人领衔的国际感染病医学中心、国际肝胆胰肿瘤诊疗中心、国际耳鼻咽喉中心等 12 个顶尖学科团队正式入驻。

博鳌超级医院，可谓是超级环境、超级政策、超级团队的组合。

"总书记肯定了先行区的先行先试。"李兰娟说。

"总书记对先行区的发展寄予了厚望，勉励大家为建设'健康中国'创造经验。"韩英伟说，"我们一定不辜负总书记的期望，在医疗健康领域积极探索，服务百姓。"

医疗界的"精英聚会"

"你们足以说明这个地方的吸引力。"肝移植专家郑树森院士回忆，总书记在规划馆里，同已经进驻先行区的医疗健康专家团队代表亲切交谈，包括李兰娟等 8 位中国工程院院士、4 位临床学科带头人。总书记风趣地对大家说，来到这里就是来到了医疗界的精英聚会。

这里面，有不少是"老面孔"。

"你也到这里来啦？郑树森有没有来？"总书记一见到李兰娟院士，就问起了这对临床医学界著名的"院士夫妻"，让两人一下子觉得心里暖暖的。

"总书记记得很清楚，问题问得很细、很专业。他记得我的专业是肝移植，问我做了多少病例。"郑树森向总书记汇报，已经成功进行了 2000 多例肝移植手术，并且走出国门，到泰国、印尼等"一带一路"沿线国家和地区开展手术，得到了高度评价，肝移植技术的"杭州标准"已经变成了国际标准。他的团队希望在博鳌乐城把肝移植工作做得更好，吸引更多"一带一路"沿线的病人。

这里不但有专家，还有"利器"。

总书记在专家们带来的创新医疗产品和器械前驻足，逐一详细了解具体情况。其中有李兰娟院士团队的"李氏人工肝治疗仪""人体微生态调节剂"、郑树森院士团队的"全自动移植肝脏灌流养护设备"、韩德民院士团队的"人工耳蜗"、王辰院士团队的"ICU 无创呼吸机"、孙颖浩院士团队的"第二代 IRE 治疗设备"、董家鸿院士团队的"术中应用超声设备"、李兆申院士团队的"胶囊胃镜机器人"等。

中国工程院院士、博鳌超级医院院士消化内科团队带头人李兆申带来了一台特殊的机器——安翰磁控胶囊胃镜控制设备。当总书记走过来时，李兆申一边给总书记递过一个指头大小的磁控胶囊胃镜机器人，一边介绍："总书记，这个磁控胶囊胃镜机器人，是中国自主产权、世界上第一台能够精准查胃的胶囊胃镜。"

接过磁控胶囊胃镜机器人，总书记放在眼前一边仔细端详，一边亲切询问临床使用、产品优点等情况。

"我们这个更先进，可以遥控。""国外的不能遥控，只能做小肠检查。""现在，该产品在国内、国际均已经投入使用。"听完李兆申的介绍，总书记连说三个"好"。

"李氏人工肝治疗仪"，这个全面支持具有自主知识产权、国际一流水平的新型李氏人工肝系统，可以救治肝衰竭等多器官功能衰竭；"全自动移植肝脏灌流养护设备"，这台设备是全自主技术集成创新，具有自主知识产权，延长了器官保存时间，提供了全球最便捷式离体供肝养护方案，是肝移植的中国技术走向"一带一路"的重要工具。

"总书记对科技人才非常关心，对医疗事业非常了解。"回想起与总书记交流的点点滴滴，郑树森仍然激动不已。他说，总书记给予的充分肯定和巨大鼓舞，就是大家继续把先行区做好、为中国人民的健康事业作出新贡献的最大动力。

与习总书记握手后，在博鳌超级医院成立了博鳌国际眼视光眼科中心的眼视光学和视觉科学国家重点实验室主任瞿佳想起 12 年前的往事。

"2006 年，总书记当时任浙江省委书记，到过我们温州医科大学的眼视光医院以及重点实验室，也曾和我握手。"瞿佳说，"他希望我们教研一体化，两者齐头并进，让眼视光工程技术惠及更多的患者。"

"总书记十分重视高新技术！"瞿佳说，"总书记是'行家'，我们一定会把总书记对于高新技术发展的期望牢记心头，用行动交出一份良好的答卷。"

"为广大老百姓健康服务"

在规划馆考察结束时，总书记与先行区各医疗健康机构负责人和院士专家代表一一握手致意，并与大家亲切交流。他对大家说，实现"两个一百年"奋斗目标，必须坚持以人民为中心的发展思想。经济要发展，健康要上去。人民群众的获得感、幸福感、安全感都离不开健康。要大力发展健康事业，为广大老百姓健康服务。

李兰娟清晰地记得习总书记当年在浙江，在全国率先提出了建设"卫生强省"的战略思想，全面实施农民健康工程、城乡社区健康促进工程等6大工程。

11日聆听习总书记的嘱托后，她感觉肩上的责任更大了。"总书记对健康领域非常了解，很重视健康产业发展。"李兰娟说，总书记非常亲民，关心人民的健康，而且对先行区高度重视、充分肯定，对今后发展提出了非常好的意见和建议。"相信先行区、超级医院今后会实现更好的发展。"

让韩英伟记忆特别深刻的是，习总书记在考察医疗新技术和高新医疗器械时，总不忘了解费用情况，关心普通群众用不用得起，新技术能不能惠及广大百姓。

"听完磁控胶囊胃镜机器人的介绍，总书记的第一反应是，这个产品对老百姓好，以前做胃镜很痛苦，现在用这个进行检查可以减少很多痛苦。"李兆申说，总书记的心和老百姓一直在一起！

博鳌一龄生命养护中心是先行区内率先开业的医疗企业。亲耳听到习总书记视察先行区时的句句嘱托，博鳌一龄生命养护中心董事长李崇玮的心情久久不能平静。"总书记的叮嘱，是对全体一龄人提出的严格要求，我们向总书记立下'军令状'，将把创新性生命养护理论与实践体系不断完善，为人类生命养护事业贡献独具特色的'一龄方案'和'一龄智慧'。"

"总书记和我握手时，他那份平易近人的温暖，仿佛一下子传递到我内心深处。"慈铭博鳌国际医院董事长胡波说，"总书记的嘱托，激励着我们在这片青山绿水的宝地撸起袖子加油干。"

这句话道出了很多人的心声。

科技创新　助飞"深蓝梦想"

第二站：4 月 12 日下午，三亚，中国科学院深海科学与工程研究所

精彩回放：南海是开展深海研发和试验的最佳天然场所，一定要把这个优势资源利用好，加强创新协作，加快打

造深海研发基地，加快发展深海科技事业，推动我国海洋科技全面发展。

——习近平

深海蓝，是海南的标识色。如何用这抹靓丽的蓝，绘制出动人画卷？

4月12日15时许，位于三亚，成立仅两年的年轻科研机构——中国科学院深海科学与工程研究所（以下简称"中科院深海所"）内，激情涌动。习近平总书记来到这里，看望一线科技人员，考察科技创新情况，仔细听取有关我国深海科学研究和探测情况介绍，通过视频短片了解我国首次在马里亚纳海沟开展万米级海底探测情况，并兴致勃勃地走进深海探测装备展示区察看各种深海深潜高技术装备，对海南更好地向深蓝进发提出殷切希望。

站在我国改革开放40周年和海南建省办经济特区30周年的新起点，海南，正通过发挥资源优势，积极打造深海研发聚集高地，联动高校、企业、科研单位的多方力量，加强创新协作，不断推动深海科技事业加速发展，为祖国"深蓝梦"的腾飞插上翅膀。

深海科研展示大国自信

中科院深海所副所长、党委副书记代亮清楚地记得，在综合楼一楼大厅中，总书记与科研工作者一一相握。"第一次见到总书记，感觉他比电视上看起来更年轻，身形高大魁梧，在人群中很显眼！"总书记手中的温度、含笑的神情，让代亮倍感亲切。

考察时，总书记强调，我国是一个海洋大国，海域面积十分辽阔。一定要向海洋进军，加快建设海洋强国。南海是开展深海研发和试验的最佳天然场所，一定要把这个优势资源利用好，加强创新协作，加快打造深海研发基地，加快发展深海科技事业，推动我国海洋科技全面发展。

习总书记对深海科研事业的这份高度关心，让包括代亮在内的科研工作者们备受鼓舞、感慨良多。"习总书记考察结束后，中科院院长白春礼立即召集了现场 30 多名骨干科研人员，开了 1 个多小时的座谈会，互相交流、总结这次经历。"

座谈会上，大家纷纷围绕习总书记的指示精神，以"深入实施'率先行动'计划，推进深海科技事业取得新突破"为主题，踊跃发言，习总书记考察时的情景再次浮现——

"习总书记来中科院深海所考察，这说明了什么？习总书记对国家创新驱动战略、深海科技事业给予了强大支持！"座谈会上，代亮身子朝前倾了倾，激动地表示。

习总书记对科研事业发展给予的这份厚望，三亚中科遥感研究所所长杨天梁感觉"沉甸甸的"。8年前,2010年4月12日,时任国家副主席的习近平曾来海南洋浦经济开发区考察,时任洋浦经济开发区秘书长的杨天梁见到了他;8年后,杨天梁再次看到习总书记,这份来自党和国家最高领导人对琼岛热土温暖、真情的关心,让他心潮澎湃、心怀激情,他着力发展深海科研、商业航天的干劲儿更足了。

海南科研工作者不会忘记,2013年7月17日,习近平总书记在视察中科院时,曾明确对中科院未来发展提出了"四个率先"要求。"'四个率先',就是希望科学院率先实现科学技术的跨越发展,率先建成国家创新人才高地,率先建成国家高水平科技智库,率先建设国际一流科研机构。"代亮铭刻心间,脱口而出。

总书记对于建设科技强国的殷切嘱托、指导要求,情真意切,言犹在耳。

如今,在习总书记"四个率先"的指示精神下,中科院深海所打破机构、学科、行业壁垒,积极联动多家科研机构、企业、高校参与了中国科学院B类战略性先导科技专项"海斗深渊前沿科技问题研究与攻关"、中国科学院重点部署项目"马里亚纳海沟万米深渊前沿科学问题探索与研究"、国家重点研发计划"深海关键技术与装备"重点专项科技任务等,并取得了丰硕成果,"探索一号"成功执行了两次万米深渊科考行动,拥有95%自主产权的"深海勇士"

号 4500 米载人潜水器也投入使用……大国科技的自信也逐渐树立起来。

扛在肩头的深海梦想

"总书记微微弯下腰，透过'深海勇士'号载人潜水器的观察窗，仔细看了舱内的环境。"4 月 12 日晚，在中科院深海所工程实验室内，身着蓝红相间工作服的潜航员苏静，回忆起总书记考察时的场景，激动之情溢于言表，"总书记非常平易近人，对潜航员等一线科研工作者很关心，我们倍感温暖。"

当天，总书记来到一线科研工作者的工作环境，仔细察看"海斗"号无人潜水器、"海翼"号深海滑翔机、"天涯"号深渊着陆器等深海科考设备，还拿起采自马里亚纳海沟万米海底的海水样品仔细端详，捧起国产深潜用固体浮力材料掂了掂分量。

"这是'海翼'号深海滑翔机，3 次突破水下滑翔机的世界下潜深度记录（6003 米），最大下潜深度可达6329 米。"

"'天涯'号深渊着陆器是一型全海深多学科综合探测平台，已经完成 13 次深渊综合科考，是我国目前下潜深度最大的海洋装备。"……

中科院深海所负责人激动地向总书记介绍科研设备，展示先进科研成果。总书记听得很认真，并不时关心询问。实验室内将近百余米的路程，总书记一行走了将近 8 分钟。

苏静回忆，当时"深海勇士"号载人潜水器总设计师胡震和他们 7 名潜航员站在潜水器前，热切期盼着习总书记。偌大的工程实验室内，总书记的声音越来越清晰。总书记来了！潜航员内心激动，不约而同鼓起掌。

这是支"年轻"的团队。"深海勇士"号载人潜水器是我国第二台深海载人潜水器，去年 10 月，该潜水器在南海完成首次载人深潜试验，顺利返回三亚港。

"选拔潜航员的标准和流程是什么？"总书记关切地询问。

"我们要经过层层严格考核，通过笔试、面试、体能测试、心理测试等测试。"中科院深海所负责人答。

"总书记好！"亲眼看到习总书记，潜航员陈晓虎激动地打了招呼。与总书记握手时的一个细节，让他印象深刻，"天气炎热，总书记脸上出了汗，总书记在百忙之中过来看望我们，对我们关心慰问，更加激励我们要'撸起袖子加油干'！"

习总书记对潜航员海下的作业环境格外关心，看得很仔细，问得很实。

"潜水器要潜入海底 4500 米，那么你们在里面有什么不适感吗？"习总书记询问。

"在舱内是常压的状态，和在陆地上差不多，我们可以适应。"潜航员李保生回答。总书记满意地点点头，脸上露出欣慰的神色。

"总书记很关心深海科技，关心我们的深海科研工作，作为一名潜航员，我觉得身上的责任更重了，我们一定会踏踏实实坚守在自己的岗位上，为我国的深海科考贡献自己的绵薄之力。"苏静说。

铭刻心间的殷切希望

4 月 12 日下午，中科院深海所综合楼一楼大厅内，70 多名来自深海、遥感等领域的科研人员列队排开，他们怀着无比激动、兴奋的心情，用长达 5 分多钟、不间断的掌声，翘首等待着一次重要的"面对面"交流——

总书记从深海视频技术实验室走出来后，一边向中科院深海所负责人了解科研情况，一边走向综合楼一楼大厅，守候在大厅的科研人员们早已按捺不住内心喜悦，目光齐刷刷望向总书记，激动地鼓掌，以最诚挚的方式，欢迎这位始终为改革创新者、科研人员提供强有力支持的国家领导人。

掌声雷动，持久不息。从实验室到大厅，这 10 多米的路程，是那样快，却又是那样的慢——

总书记一边考察，一边关切询问，是那样亲切和蔼、平易近人，在场的科研人员们多么希望"时间再慢点、再慢点"，他们的目光热切期盼着能与习总书记相逢，将这段难忘的、激动的时光深藏于心，成为最珍贵的回忆；

奋战在祖国南端的科研人员们，心怀感恩、感慨、感动，总书记提出的"坚持陆海统筹，加快建设海洋强国"，为他们投身于深海科研事业提供了源源不竭的强大动力与精神支撑！他们有好多好多的话，迫不及待地想与习总书记诉说，表达对祖国、对科研事业的那份执着热爱……

队伍中，党的十九大代表、中科院深海所实验室钳工周皓站在第一排、第一个位置，他是探着脑袋，看着习总书记一步步走到他跟前的。周皓感慨颇深，他在人民大会堂参加全国劳动模范颁奖典礼、党的十九大时，曾远远地见过习总书记。而这次，总书记近在咫尺。

"这位是来自我们中科院深海所的党的十九大代表！"中科院深海所负责人向总书记介绍周皓。

"总书记好！"周皓握住了总书记的手，温暖、厚实，"握了5、6秒"。

同事们都说，周皓那天是"盛装出席"。他特意穿了一件崭新的、没沾到机油的灰色工服，胸前特意佩戴了"全国五一劳动奖章""全国劳动模范"等7枚奖章，奖章被擦得锃亮。

这引起了总书记的关注："你获得了不少荣誉啊！干得不错！"

"我会继续努力的！请总书记放心！"这份认可，令周皓心潮澎湃，当场在总书记面前立下决心。

"干得不错！"简短的话语，情真意切，鼓舞人心。作为一名在深海科研领域奋战的普通技术工人，周皓勤勤恳恳，参与并见证了"探索一号"搭载的高科技深海探测装备，成功潜入万米深海，完成了多项重大深渊科考任务。

国家深海战略的步伐，正是在这一代代科研工作者的艰苦付出中，更加铿锵有力。

总书记还勉励大家，要献身祖国科技研发事业，努力抢占科技发展制高点，研究出更多更好成果，推动科研同实际应用相衔接，为国家现代化建设贡献更大力量。

离开前，总书记与科研人员一一握手、交流，并主动提出要和大家合影。"其实大家心里都想和总书记拍照，但都没好意思提出来。"周皓说。

4 月 12 日，15 时 30 分许，在中科院深海所一楼大厅，相机"咔嚓"一声，总书记与 70 余名科研人员的灿烂笑容刻录在了影像里。

照片中，背景墙上印着的那行文字醒目、清晰——

"深海蕴藏着地球上远未认知和开发的宝藏，但要得到这些宝藏，就必须在深海进入、深海探测、深海开发方面掌握关键技术。——习近平"

发挥优势　建成"南繁硅谷"

第三站：4 月 12 日下午，三亚，国家南繁科研育种基地

精彩回放：海南热带农业资源十分丰富、十分宝贵。国家南繁科研育种基地是国家宝贵的农业科研平台，一定要建成集科研、生产、销售、科技交流、成果转化为一体的服务全国的"南繁硅谷"。

——习近平

4 月 12 日下午 4 时许，三亚阳光炽烈。位于三亚海棠湾的国家南繁科研育种基地内，风吹稻叶百花香，大片绿汪汪的水稻整齐丰茂，稻穗籽粒膨大，长势喜人。

这里，每年冬春季节，数以千计的国内外南繁科研工作者聚集，培育、优选、展示着最新研究成果。也是在这里，屡屡创下世界水稻单产纪录。这不仅是中国人的南繁"硅谷"，亦是世界水稻种业发展的风向标。

当天下午，习近平总书记健步在稻田间行走，听取国家南繁育制种基地（海南）建设规划，查看南繁优质品种样品，一路看、一路与袁隆平院士等农业科研技术专家交谈，了解"超优千号"超级杂交水稻和南繁优质水稻的产量、口感和推广情况。它关系着中国乃至世界的饭碗，也是习总

书记始终牵挂的事情。

端起"中国饭碗"的大国自信

"习总书记看到我，跟我握手，第一句就问，你身体还很硬朗啊！"中国工程院院士、"水稻杂交之父"袁隆平站在田头，手抚摸着绒绿的稻叶和嫩黄的稻穗，笑呵呵回忆起1个小时前的场景，脸上有种"老友相见"的宽慰神情。

习总书记和袁隆平院士的两双手紧紧握在了一起。5年前，2013年4月28日，习总书记在全国总工会机关同全国劳动模范代表座谈时，曾向袁隆平说起一段往事：1998年他就曾到湖南见过袁隆平，"我那时在福建当省委副书记，主管农业，十分关心种业问题。杂交稻育种，是一个很伟大的事业，要继续抓好。"

总书记的话语深刻印在了袁隆平院士的心间。"谢谢总书记。看看我们的超级稻吧，很好看嘞！"袁隆平爽朗一笑，指指身后100亩的超级杂交水稻展示田，盛情邀请总书记下田走走。

袁隆平所指的，是国家杂交水稻工程技术研究中心三亚南繁综合试验基地，大家通常叫它另外一个名字，"袁隆平基地"。这片水田里，种着国家杂交水稻工程技术研究中心的最新成果"超优千号"，预计亩产达1000公斤。

总书记沿着田埂走进了水稻田。柔软稻叶环绕着总书记和袁隆平。走走停停，总书记低着头仔细查看超级稻的长势，时而指点，时而侧脸与袁隆平交流。一句句提问，切中关键，一次次答复，怀揣"南繁硅谷"的自信。

"水稻品质怎么样？""超级稻是高产优质，不以牺牲品质为代价，我们接下来要向亩产 1200 公斤攻关，向党的一百周岁献礼！"

"海水稻现在怎么样了？""估计还有两三年，海水稻就可以大面积生产和推广。"

......

听到我国培育的超级杂交稻品种屡创世界水稻单产最高纪录、取得喜人成果，总书记十分高兴，频频点头。他说："十几亿人口要吃饭，这是我国最大的国情。良种在促进粮食增产方面具有十分关键的作用。要下决心把我国种业搞上去，抓紧培育具有自主知识产权的优良品种，从源头上保障国家粮食安全。"

汇报中，袁隆平还想起了一个关于"超优千号"的趣闻。"有一次，我拿这种米给日本水稻专家品尝，他们说，口感可以媲美日本高级水稻品种'越光'，我说，'越光'亩产 800 市斤，我们是 800 公斤！这么好的稻子，印度专家看了都流连忘返！"说到这里，袁隆平笑了，总书记神情亦十分欣慰。

就这样，总书记一路问，一路从"袁隆平基地"走向毗邻的三亚市南繁科学技术研究院水稻新品种展示基地。来自 18 个省、70 家单位的 500 个水稻品种，种满了这里 150 亩的水田。

一边是超级水稻，一边是南繁院水稻，两片稻田毗邻而居，好似同在一个擂台，那它们的产量有什么区别？习总书记好奇地发问，他指了指南繁院水稻田问道："这些水稻产量多少？"陪同调研的三亚市南繁科学技术研究院院长柯用春告诉总书记："亩产是 1200 到 1500 斤。"

听罢，习总书记一笑："还是袁老师的水稻产量高呀。"此时，气氛十分轻松，大家笑开了，柯用春还介绍了三亚南繁的近期工作计划："我们今年要在这里开个水稻论坛大会，由袁院士牵头。""是国际性的大会。"站在习总书记旁的袁隆平接着补充了一点。

"那好啊！"总书记点点头，十分认可论坛的举办。同时又问道："有多少种子走出去？"袁隆平自豪地说："我们走出去的杂交水稻种子，可种 600 万公顷，就是 9000 万亩。"

一边交谈，总书记一边快步走着，很快就来到了三亚南繁水稻新品种展示基地的栈桥。

桥头处，福建农业科学院水稻专家、中科院院士谢华安按捺着心中的激动。直到总书记站定面前，招呼他道："老谢，你也来啦？"

谢华安双手握住习总书记的手，记忆仿佛一下子回到十多年前的场景。"再次见到习总书记，他一句话，拉近了距离。"谢华安感慨地回忆，习总书记在福建工作时，自己曾数次跟随他下乡调研。

"如今总书记特地来水稻田考察，问产量，问品质，对国人温饱与粮食安全充满了牵挂。"这让作为农业科技工作者的谢华安既感光荣，又深感使命重大。

目送总书记离开后，谢华安心中的奋斗目标更加坚定清晰："新时代的农业科研也要迈上新水平，我们要研究更优质的水稻品种，把水稻的丰产性、优质性、抗性和广适应性'四性'，维持在综合较高水平上，这才叫做超级品种，种水稻的农民收益更高！"

端好"中国饭碗"的坚定信念

面对老朋友般的中科院院士们，总书记与他们叙旧事、拉家常，对新一代中青年南繁科研人员，总书记同样亲切随和。

记者来到国家南繁科研育种基地时，武汉大学生命科学学院教授朱仁山脸晒得微微发红，细细品味着一个多小时前，与总书记在一起的珍贵回忆。

他当时与5位农业科研人员站在田间，总书记走来，非常亲切地同他们一一握手，天气炎热，总书记同大家一样，汗湿衣裳，但交流的现场笑声不断。

"我来自武汉大学，是做红莲型杂交水稻研究工作的。"紧紧握着总书记温暖的手，朱仁山激动不已。他没想到时隔 5 年，能在这样熟悉的田间，再次看到和蔼可亲的习总书记。"我到你们那里去看过。"总书记也记得，5 年前与武汉大学红莲型杂交水稻研究团队在田间的对话。

这句话，一下子让朱仁山心里暖暖的。2013 年 7 月 22 日，同样的高温天气，总书记在湖北省鄂州市鄂城区杜山镇东港村育种基地视察时，对在场农业科研工作者说的"粮食安全要靠自己"这句话，让朱仁山铭记于心。

而这次，总书记再次来到田间地头，踏上这片南繁热土，显示出他对杂交水稻发展、农业科研情况的牵挂，也令朱仁山发展农业科研的动力更足了。他深知，这份沉甸甸的职责关乎粒粒粮食的安全，关乎百姓的生产、生活，关乎一个大国的发展自信。

"习总书记懂农业，懂我们农业科研工作者，我们要努力钻研，做好优质稻育种工作，让百姓吃得到，吃得舒服，增强人们的幸福感。"投身南繁事业 30 余年的国家粳稻工程技术研究中心主任华泽田，向记者动情还原了他与习总书记的对话场景。

当他向习总书记介绍，自己是做北方优质粳稻育种工作时，习总书记微笑点赞："优质稻，好。"紧接着他又关切询问："天津有个'小站稻','小站稻'怎么样了？"

这个看似朴实简单问题，让华泽田的内心顿时沸腾了，"没想到习总书记还记得'小站稻'这个水稻品牌！"这让华泽田深刻感受到，总书记对水稻、对农业的深刻了解。

"总书记关心的，其实不仅是'小站稻'，也是我国优质稻米育种工作，他为农业科研指明了方向。"这次以后，华泽田暗下决心，更要加把劲儿，让中国稻香飘出国门，树立起大国自信。

激励"中国饭碗"的后备力量

生机勃勃的稻田，映照着同样青春活力的脸庞。与总书记面对面交谈的，还有几位"80后"农业科研工作者。总书记几句"拉家常"的鼓励，一下便将年龄的距离拉得更近了。

"总书记好！我是陈涛，来自江苏省农业科学院。"见到总书记时，陈涛显得略微紧张，手心不断冒汗。总书记微笑着跟他握手："你很年轻！"

简单的4个字，好似家中长者的关怀，却令陈涛脸颊滚烫。"作为一名'80后'科研育种人员，我从事科研工作已有12年，总书记的这句话，让我感受到一名党和国家领导人，对年轻一代育种科研工作人员的殷切希望和关怀。"陈涛说，在水稻科研领域，自己的确还年轻。

通常，研发一个稻种新品种，可能需要 10 年甚至更长的时间，从事农业科研工作，需要付出更多的精力与耐心。"袁隆平院士和谢华安院士等老前辈们还在孜孜不倦地探索水稻育种，作为年轻的科研人员，我们也要像他们一样，不忘初心，牢记使命，把水稻育种的接力棒传承下去，培育更好的品种，造福更多的农民兄弟。"陈涛说。

总书记温和的风度，现场交流的动作细节，都给不少年轻一代科研人员留下了深刻印象。"总书记跟我握手，握了将近 10 秒，我舍不得松手。"回忆时，袁隆平农业高科技股份有限公司的科研人员犹召依然兴奋不已。

面对这位年轻热忱的小伙子，总书记仔细看了他的制服，指着"隆平高科"几个字念了出来。"总书记关心我们的工作，关心我们的生活，让我们觉得特别亲切、平易近人。"同为"80 后"的中国水稻研究所博士张华丽，有和犹召一样的强烈感受。

总书记对年轻一代的农业科研人员的关怀与鼓励，让"中国饭碗"的生力军、接班人决心更坚定、信心更足。

"海南热带农业资源十分丰富、十分宝贵，我们更要倍加珍惜国家提供的宝贵的农业科研平台，努力学习、充实自己，为促进国家粮食安全贡献自己的力量！"张华丽回望身旁的稻田说道。

三十而立　继续"乘势而上"

第四站：4 月 13 日上午，海口，省博物馆"海南建省办经济特区 30 周年成就展"现场

精彩回放：海南建省办经济特区 30 年来，从一个欠发达的边陲海岛发展成为我国最大的经济特区和驰名中外的国际旅游岛，改革开放实现重大突破，经济社会发展取得巨大成就，充分证明党中央关于海南建省办经济特区的决策是正确的。今年是改革开放 40 周年，我们要总结经验、乘势而上，在新起点上推动改革开放实现新突破。

——习近平

4 月 13 日，美丽的南渡江畔，海南省博物馆前的攀丹荔枝园内花香四溢。博物馆广场前艳红色的花丛中，"经济繁荣""社会文明""生态宜居""人民幸福"16 个大字分外醒目。

上午 9 时 25 分，这里迎来了一位特殊的客人——习近平总书记。

习总书记来到省博物馆，参观了"争创中国特色社会主义实践范例　建设美好新海南——海南建省办经济特区 30 周年成就展"。在改革开放馆、生态建设馆展厅内，一张张图片、一幅幅图表、一件件实物全面记述了海南 30 年来，

特别是党的十八大以来，在改革开放和社会主义现代化建设方面的成就。

刚刚闭幕的博鳌亚洲论坛 2018 年年会上，习总书记在发表主旨演讲时指出，2018 年是中国改革开放 40 周年，也是海南建省办经济特区 30 周年。海南发展是中国 40 年改革开放的一个重要历史见证。在论坛年会闭幕后仅隔 1 天，习总书记便来到了海南建省办经济特区 30 周年成就展现场，亲身感知"全国最大经济特区"的发展变化。总书记对海南发展如此牵挂在心，让海南人民倍感振奋。

改革开放：在新起点上实现新突破

骄阳烈烈，总书记乘坐的中巴车停在了"争创中国特色社会主义实践范例　建设美好新海南——海南建省办经济特区 30 周年成就展"的主题板前。总书记一行来到了此次展览的第一个展厅，也是最为重要的展厅——改革开放馆。

步入展厅，一顶藤编斗笠勾起了总书记的满满回忆。5 年前，2013 年 4 月 9 日下午，他在亚龙湾兰德玫瑰风情产业园调研视察并与员工们交谈时，接过了在此工作的村民李玉梅递来的斗笠，并戴到了头上。而陈列在馆内的这顶斗笠，正是总书记当时戴着的那顶。

这顶富有渔家特色的斗笠道出了海南人民对习近平总书记"久久不见久久见，久久见过还想见"的情谊；后方的图片，正是当时总书记笑着戴上斗笠的温馨画面。当年，正是在玫瑰谷，总书记留下了"小康不小康，关键看老乡"的深情嘱托。

"站在这顶斗笠前，总书记回忆起当年在玫瑰谷时的场景。"展览讲解员王丝告诉记者。

改革开放馆内共包含"深入贯彻落实十九大精神　加快建设美好新海南""全面深化改革、扩大开放""实现经济高质量发展""以人民为中心，不断提升百姓获得感、幸福感、安全感""扛起海洋强国的海南担当""加强党的建设　推动作风改善""因改革开放而生　因改革开放而兴"等九大部分内容。

总书记不时驻足观看，边走边问，详细了解海南建省以来的发展历程。

"总书记几乎每走到一处都会关切地提出问题，一路交谈，了解情况。"王丝介绍。

2017年10月24日，党的十九大圆满落幕，海南社会各界立刻掀起了学习贯彻落实党的十九大精神的热潮。

"深入贯彻落实十九大精神　加快建设美好新海南"这部分通过一张张图片展示海南人民学习贯彻落实党的十九大精神的情况，树荫下的基层宣讲、网络上的学习网校……总书记通过展板认真了解了海南的学习贯彻落实情况。

"总书记对我省'多规合一'改革试点工作、脱贫攻坚、对外开放、十二大重点产业等都非常关注，提出了许多问题并详细了解。"王丝说。

"国际航线开通了多少条？""每年的入境游客数量有多少？"王丝回忆道，在展示海南对外开放的展板前，总书记了解了海南在国际旅游岛建设方面的举措和成效。参观中，他深情地对大家说，海南建省办经济特区 30 年来，从一个欠发达的边陲海岛，发展成为我国最大的经济特区和驰名中外的国际旅游岛，改革开放实现重大突破，经济社会发展取得巨大成就，充分证明党中央关于海南建省办经济特区的决策是正确的。

走到海南科技产品陈列台前，锯齿防伪技术与全球语言交流系统翻译机器引起总书记的兴趣。他拿起印着锯齿防伪码的纸张，仔细端详。今年初，海南本地科技企业推出锯齿防伪系统，该系统是中国防伪行业协会成立 22 年来，评审过的"最了不起的防伪技术发明"，代表了信息查询类防伪技术的发展方向。

"习总书记对咱们海南的脱贫致富电视夜校工作也很感兴趣，了解了海南脱贫攻坚工作取得的成效。"王丝介绍。

"总书记在看这场反映海南现代化建设的成就展时引经据典，他对海南的历史文化也相当了解。"省博物馆馆长陈江也在参观队伍中，他说："展览中有一张图片反映了今天的儋州现代城市建设风貌，总书记看到后问，历史上的儋耳郡就是这里吧。他还询问到琼州府是怎么搬到了海口等诸多历史文化方面的问题，他对海南历史文化的熟悉令大家印象深刻。"

参观完改革开放馆，总书记对海南建省办经济特区 30 年来，特别是党的十八大以来的经济社会发展成就给予肯定。他表示，今年是改革开放 40 周年，我们要总结经验、乘势而上，在新起点上，推动改革开放实现新突破。海南要充分利用地缘优势、资源优势、生态优势、政策优势，着力在体制机制创新和发展思路模式创新上下功夫，谱写美好海南新篇章。

生态建设：既买不来也借不到的宝贵财富

生态建设馆以"中国最好的生态环境"展示了海南坚持绿水青山就是金山银山，实施生态立省战略取得的可喜成绩。

当总书记走进生态建设馆，讲解员闫路恺首先用 2013 年习近平总书记视察海南时引用的苏东坡诗句："云散月明谁点缀？天容海色本澄清""飞泉泻万仞，舞鹤双低昂"，以及"丹荔破玉肤，黄柑溢芳津"作为开场词。

在总书记参观海南十大自然保护区的展览内容时，闫路恺发现总书记对于海南坡鹿非常感兴趣，便特别向总书记汇报了海南坡鹿的保护区——位于东方市的海南大田国家级自然保护区的情况。

"人工介入保护是否对于它们的数量增长有帮助？会不会对它们的繁殖造成影响？它们有哪些天敌？"听着讲解，总书记特别询问了海南坡鹿现在的保护情况。

随后，总书记还对海南热带雨林中特有的珍稀物种黑冠长臂猿、金斑喙凤蝶饶有兴致，专门询问了这两种珍稀物种种群数量和繁殖保护的情况。他还俯身观察海南各类珍贵植物，了解这些植物的保护情况。

在南海珊瑚展前，总书记又询问了南海珊瑚的保护情况和人工饲养的现状。"当时总书记在南海珊瑚展前驻足了近一分钟，还和周围的工作人员讲了一个关于南海红珊瑚的'石崇斗富'的历史典故。"陈江说。

"没有想到总书记问得如此之细，对于生态保护的内容这么了解。"闫路恺说。

在生态建设馆里，总书记大约停留了 20 分钟，令大家印象深刻的是，在一张陈列着沉香原料的黄花梨长桌前，总书记饶有兴趣地拿起一块从海南尖峰岭采集的白棋沉香，放在鼻子前闻了闻。据现场工作人员介绍，他闻过后直言沉香味道很好，闻起来神清气爽，就像喝了一杯咖啡一样。

总书记还观看了自然保护区的实时监控画面，听取了海南空气质量监测数据分析，对海南省重视生态环境保护的做法表示肯定。他强调指出，我们党提出生态文明建设是一个历史性贡献。青山绿水、碧海蓝天是海南最强的比较优势和最大的本钱，是一笔既买不来也借不到的宝贵财富，破坏了就很难恢复。要把保护生态环境作为海南发展的根本立足点，牢固树立绿水青山就是金山银山的理念，像对待生命一样对待这一片海上绿洲和这一汪湛蓝海水，努力在建设社会主义生态文明方面作出更大成绩。

"这是一个无比激动的时刻"

中午，在省博物馆门前的广场，总书记与前来观看展览的我省部分劳动模范和行业代表亲切握手交谈。

"总书记，我们是第二次握手了！"当总书记和全国人大代表、琼海市潭门镇潭门村渔民王书茂的双手紧紧地握在一起时，王书茂激动地向总书记说。事后，王书茂回忆起当时的场景，心情久久不能平静。

王书茂还清楚地记得，五年前，总书记来到潭门镇视察，鼓励渔民"造大船、闯深海、捕大鱼"。王书茂说，这一次，总书记依旧挂念着渔民们，向王书茂询问潭门渔民的生活现状。

对此，王书茂告诉总书记："现在的潭门和五年前的潭门已不一样，发生了翻天覆地的变化，渔民的生活又上了一个新台阶！请总书记放心！"

在接受采访时，王书茂表示，这次回到潭门，一定要向渔民们转达总书记对广大渔民的问候和关心。

得知总书记来到省博物馆参观，曾经带领琼中女足夺得"哥德杯中国"世界青少年足球赛三连冠的琼中女足主教练肖山，专门穿上了参加"哥德杯中国"的队服等候总书记的到来。他说，"哥德杯中国"世界青少年足球赛是琼中女足走向世界的平台，这身队服对他来说具有深远的意义。

肖山回忆，当总书记来到海南省博物馆，和他握手后说了很多话。总书记专门向他询问琼中女足的现状，队员现在有多少人？琼中女足的队员现在是上初中还是小学？琼中女足最近取得哪些成绩？

对此，肖山一一作了回答，"我们琼中女足在 2015 年、2016 年、2017 年的'哥德杯中国'世界青少年足球赛上都获得了冠军"。听到这个消息，总书记高兴地告诉肖山，琼中女足，他一直在关注着。

让肖山久久不能忘怀的是："总书记最后还勉励我们琼中女足的教练员、队员，继续努力，再创佳绩！"

总书记对海南群众的挂念、对海南发展的关切，也让党的十九大代表、全国三八红旗手、全国模范教师王金花感动不已。

总书记与大家亲切见面时，全国三八红旗手王金花激动得热泪盈眶。她在脑海中反复回忆着总书记与她握手时的场景。"总书记握着我的手说，'你是三八红旗手啊'。这是一个无比激动的时刻。"

"咱们合张影吧!"总书记在与劳模和来自各行各业的代表们一一握手后,提出要与大家合张影。总书记的亲和力和对海南人民的关心让党的十八大代表、全国劳模、海口市公交集团党委副书记张陈慧难忘不已。

"今天是海南建省办经济特区 30 周年的纪念日,在这个特殊的日子里,在这个有意义的展馆前,其实大家都特别想跟总书记照张相,但让我们没想到的是,总书记竟然先提出来要和大家合张影。他的心里不仅牵挂着海南的发展,更装着我们海南的老百姓。我们要牢记总书记的嘱托,不忘初心,为加快建设美好新海南继续撸起袖子加油干。"

"总书记,多保重!""你们也多注意身体啊。"党的十九大代表、琼海嘉积中学舞蹈教师颜业岸在与习总书记握手时请他"多保重"。

"总书记太平易近人了,他与我们亲切地交流,就像是家中随和的长辈,让我忍不住说出了这句话。"颜业岸激动地说着。当总书记走上中巴车前,叮嘱大家"也多注意身体"。

智慧管理　做到"心中有数"

第五站:4 月 13 日上午,海口,省政务数据大厅

精彩回放:各级党委和政府要强化互联网思维,善于利用互联网优势,着力在融合、共享、便民、安全上下功夫,

推进政府决策科学化、社会治理精细化、公共服务高效化，用信息化手段更好感知社会态势、畅通沟通渠道、辅助决策施政、方便群众办事，做到心中有数。希望海南继续在大数据建设上积极探索，创造更多经验。

——习近平

临近中午，坐在省政务数据大厅的工位上，三亚市信息化基础设施投资建设发展有限公司总经理朱煜锋长舒一口气，稍稍平复了下激动的心情，给三亚市政府的领导和同事发了条短信："总书记对我们的消费监管系统项目很关心，汇报效果很好，请放心！"

同朱煜锋一样，今天许多人内心涌动着难以言说的激动。

不只是关心大数据支撑下的旅游市场监管，今天上午，来到海南省政务数据中心大厅的总书记，走进操作台，向工作人员细致了解人流、物流、资金流等信息共享和应用情况，叮嘱大家要用好大数据，对经济社会发展、对民生保障工作做到"心中有数"。

智慧岛上，天涯咫尺。

很暖心——"总书记对民生有着深深的牵挂"

旅游市场、防震减灾、安全保护等各领域政务数据在大厅前方硕大的屏幕上显示着，互联网的便捷和大数据的智慧从工作人员熟练的操作中传递出来。

细致听完我省信息化建设工作汇报、观看完"多规合一"等领域的应用展示后，总书记面带笑意，起身走到一个个工位前，与值班人员握手交谈。

很快，一张"管好一条鱼、半斤虾"的三亚放心游消费监管系统界面引起总书记的关注，他仔细询问："管住了么？"

这句话，让朱熄锋心里暖暖的，看着总书记的眼睛，他信心满满："管住了！"紧接着他向总书记现场演示了三亚放心游消费监管系统，"我们启用联合执法，通过互联网对三亚海鲜价格进行实时监管。比如游客称了半斤虾，我们系统内就会出现这半斤虾的称重和价格明细，三亚海鲜欺客宰客现象得到了控制。"

"总书记对民生有着深深的牵挂！大厅内有那么多台电脑、那么多张页面，总书记一眼就注意到了鱼虾海鲜价格的监管。"朱熄锋说，"看似不经意地询问，体现的却是对大数据监管工作细节的关注，他最关心大数据的应用是否真正惠及百姓，让人感动。"

没有真正给老百姓带来便利，没有真正服务民生，再智慧的互联网和大数据都是空架子。对海南各级政府以及900多万海南人民而言，抵御台风也是一项护民生的大考。

察看海南省互联网+防灾减灾综合信息平台时，总书记仔细询问了海南是怎么利用大数据完成台风防、躲、救的问题，并饶有兴致地观看手机平台的使用演示情况，一再叮嘱大家要把这套系统用好、用实，确保人民群众的人身和财产安全。

"海南岛是热带风暴以及台风多发地区，总书记对海南防风防汛工作特别关心，特别询问了我们去年的防风情况，以及今年海南台风的预警情况，肯定了系统在防风中发挥的作用。"省水务厅厅长王强和大家有着同样深刻的感受，"总书记最牵挂的还是民生。"

很振奋——"总书记肯定了我们的工作"

虽然岛屿与外界交通不便，但互联网却能打破地域限制。"用互联网的模式来建设海南的信息系统"理念在琼岛大地上活跃了 20 多年。这对当时刚建省办经济特区不久的海南而言，是对敢闯敢试、敢为人先、埋头苦干特区精神的生动诠释。

1995 年至今，海南成为全国首个开通全省公共信息网的省份。1997 年，海南提出建设信息智能岛的战略目标，当年 10 月，率先设立海南省政府信息化办公室，这比国家相应部委的建立还早了两年。

改革不断推进，改革者不断思索。2015 年 6 月 5 日，中央深改小组第十三次会议同意海南省在全国率先开展省域

"多规合一"改革试点，海南顺势提出把海南岛作为一个大城市、大景区来统一规划、建设和管理。

去年 12 月 8 日，习总书记在主持中央政治局第二次集体学习时强调，实施国家大数据战略，加快建设数字中国。这更是为推动海南智慧岛建设提供了方略。

在顺应信息化发展的今天，在"把海南岛作为一个大城市来统一规划、建设和管理"先进理念的引领下，推动海南智慧岛建设、提升国际旅游岛信息化水平成了海南适应自身发展需求的重要举措，也反映了海南要争创中国特色社会主义实践范例、在数字经济上走在全国前列的决心。

在海南省政务数据大厅，省工信厅厅长王静怀着无比激动的心情向总书记报告：海南政务信息系统涵盖了进出岛管控、"多规合一"、互联网+防灾减灾、全域旅游监管服务、精准扶贫、不见面审批、椰城市民云、三亚旅游监管服务平台、省政府"网上督查室"等 9 个子系统，共享率达到 100%。省级政府部门无纸化办公 100%全覆盖。

"海南在这方面走在了全国前列。"总书记的这句肯定落在了在场每个人心里，人心振奋。

全省政务信息数据平台的打造不是一蹴而就，一直以来，我省各部门以时不我待的紧迫感，打破信息壁垒，加快推进全省政务信息数据平台建设，推动海南数据岛、数字岛、智慧岛、智能岛建设。

很有动力——"总书记要求我们要心中有数"

一番交谈下来，王强知道，总书记是个防风减灾领域的"行家"，对台风的生成和防御了然于心，他关心的问题也直指台风防御工作核心。

"压力与动力并行。"听了总书记的指示，王强心中有了数，信息化、大数据就是一种工作手段，总书记多次提到的要把这套系统用好、用实，正是不断提醒我们要用好大数据平台，切实用科技的力量代替经验，真正为人民服务，保民安全。

谆谆嘱托，字字珠玑，犹在耳畔。

——要坚持以问题为导向，坚持以应用为中心推进大数据应用。

——要强化互联网思维，善于利用互联网优势，着力在融合、共享、便民、安全上下功夫，推进政府决策科学化、社会治理精细化、公共服务高效化。

——要用信息化手段更好感知社会态势、畅通沟通渠道、辅助决策施政、方便群众办事，做到心中有数。

——要继续在大数据建设上积极探索，创造更多经验。

"总书记的嘱托，是对海南信息化建设的重视与期待，是对 900 多万海南人民的深切关怀，信息化、大数据、云平台应用越广泛，老百姓受益就越多，产生的效果越好。"

王静说，在海南真正成为数据岛、数字岛、智慧岛、智能岛的征途上，总书记殷切的嘱托是动力，是路径，是方向。

海南，不再孤悬大海之南，她通达的大数据正以惊人的速度驰骋在"绘到底的一张蓝图"上。

抓住关键　实现"产业振兴"

第六站：4 月 13 日中午，海口，秀英区石山镇施茶村

精彩回放：乡村振兴，关键是产业要振兴。要鼓励和扶持农民群众立足本地资源发展特色农业、乡村旅游、庭院经济，多渠道增加农民收入。农村基层党组织要成为带领农民群众共同致富的主心骨和坚强战斗堡垒。

——习近平

"让广大农民都过上幸福美满的好日子，一个都不能少，一户都不能落。"习近平总书记始终把解决好"三农"问题作为全党工作的重中之重。党的十九大报告站在历史与未来的交汇点上，首次提出乡村振兴战略。习总书记今年在全国两会期间又为乡村振兴战略指明五个具体路径：推动乡村产业振兴、乡村人才振兴、乡村文化振兴、乡村生态振兴和乡村组织振兴。

"我最牵挂的还是困难群众"，走访村村寨寨，坐在农家炕头，面对面和乡亲们沟通，始终是总书记考察研究的重

要选项。4 月 13 日中午，顶着如火的骄阳，总书记来到海口市秀英区石山镇施茶村，了解乡村振兴战略的实践情况，与当地农民嘘寒问暖。

施茶村位于海南最高的火山口脚下，受火山地貌的影响，千百年来，村民只能在石头缝里种庄稼，望着石头发愁。如今，全村因地制宜种植火山石斛达 500 多亩，去年人均可支配收入达到了 14500 元。

总书记的问候温暖人心

"天气很热，现场有 300 多人，总书记很有耐心，和三分之二以上的人都握了手，并且不停地向大家问好。"4 月 13 日中午 12 时 30 分，在石山互联网农业小镇施茶村，海南石斛健康产业股份有限公司董事长彭贵阳回忆起习近平总书记刚刚考察时的情景，幸福之情溢于言表。

"我当时特别激动，用双手将总书记的手紧紧握住，久久不想放开。"彭贵阳说，总书记的手厚实而又温暖，笑容温馨而又亲切，现场不少村民流下了激动的眼泪，"今天这一幕我一辈子都忘不了！"

"总书记一共和我握了三次手！"施茶村石斛基地员工肖月娟觉得今天自己成了最幸运的人。回忆起当时的场景，她满脸通红，神情激动，"我当时正和同事在石斛园中锄草，听到脚步声，抬头看到总书记正朝我们的方向走来，就兴奋地围了上去"。

有一个细节让肖月娟备受感动，"看到我们朝他走过去，总书记主动伸出了手，我们也连忙摘下手套，和他紧紧握手。"

总书记非常关心村民们的生活，问大家生活得好不好？收入怎么样？肖月娟告诉总书记，家里有 5 口人，过去在海口市区打工，离家较远。2015 年村里引进石斛产业，她家把 6.4 亩地入股种石斛，自己也成了石斛园里的职工。现在不仅工作离家近，每个月还有 2500 元的工资，年底有 3000多元的分红，加上家里的其他产业，现在全家人年收入已超过 10 万元。

"听到我们的生活越来越好，总书记也感到很欣慰，并祝福我们的日子越过越幸福！"肖月娟说，总书记离开时，又主动和大家握手，"这是第二次握手"。

等总书记要离开施茶村时，闻讯赶来的村民们排成长队，激动地向总书记问好，肖月娟也加入了其中。"总书记一一和我们握手告别，所以我又幸运地和他有了第三次握手。"肖月娟高兴地说，当时不少村民流下了激动的热泪，大家的掌声、欢呼声汇聚在一起，在村庄上空久久回荡。

总书记的关怀情真意切

在施茶村的考察中，施茶村党支部书记洪义乾一路陪同，向总书记详细介绍了村里的乡村振兴战略实施情况。"总书记走了一路，也问了一路。"洪义乾说，他深刻感受到总书记对乡村产业发展和基层党组织建设的关心和重视。

洪义乾记得，总书记下车后问他的第一个问题就是，施茶村村名中"施茶"这两个字的来历是什么？"我们施茶村明朝就有了，施茶名字始源于海南四大才子之一'丘濬施茶'的故事。"洪义乾说，由于羊山地区比较干旱，没有水喝，丘濬在返乡途中，在石山连接府城与澄迈一带的官道中点，设茶亭施茶路人，顾名思义"施茶亭"，施茶村因此而得名。

"这说明总书记很关心一个地方的发展历史。"洪义乾说。

在施茶村村志馆，总书记认真听取介绍，不时询问。对该村以党建为统领，带动农民发展农业产业、增加农民收入、保护生态环境，因地制宜探索出了"企业+合作社+农户"致富路的做法表示肯定。洪义乾记得："听我讲到村里没有吸毒的，没有打架斗殴的，总书记夸赞说'这个很好'。"

随后，总书记沿着石板路步行进施茶村火山石斛园，边走边听洪义乾介绍石斛规模化种植、智能喷灌系统、水肥一体化系统运行情况。

"我今天向总书记演示了石斛自动喷灌系统。"石斛园的技术人员吴清伟非常自豪，他回忆说，他当时打开手机

APP，在屏幕上轻轻一点，地下矿泉水就从设备中自动喷出，如烟如雾，将石斛园装扮得如同仙境一样。

"不仅他会操作，我也会操作。不管在哪里只要手机有网络就可以管理石斛生产，早上睡醒就先给石斛灌溉一下，省时省力。"当时，洪义乾也在自己的手机上操作了一遍，总书记高兴地赞叹说"这太方便了"。

在石斛园的凉亭，总书记还饶有兴致地了解了施茶当地的特色农产品。石斛基地工作人员洪丽琼和王朝向总书记一一介绍了当地的石斛鲜条、黑豆、红米、地瓜、大薯、毛薯、蛋蕉等特产。"总书记问我石斛鲜条有什么功效，看到鲜条上开了美丽的石斛花，他还高兴地举起来和我们的村党支部书记合影。"王朝说，介绍的时候她心里特别紧张，手都有点颤抖。但看到习总书记如此亲切和蔼，她的紧张感也随之消失了。

总书记的嘱托指明方向

一路上，除了了解村里的发展情况，总书记还留下了殷殷嘱托，表达了拳拳期望。

令当地干部群众最难忘的是，在坐车离开之前，总书记语重心长地对大家说，乡村振兴，关键是产业要振兴。要鼓励和扶持农民群众立足本地资源发展特色农业、乡村旅游、庭院经济，多渠道增加农民收入。农村基层党组织要成为带领农民群众共同致富的主心骨和坚强战斗堡垒。

"总书记一席话道出了乡村振兴的关键，那就是要振兴产业，找准自己的特色，进行科学地发展，并且要牢牢抓住基层党组织建设。"洪义乾说，总书记的嘱托为施茶村未来的发展指明了方向。

嘱托，声声入耳；道路，豁然开朗。

洪义乾表示，下一步施茶村要紧紧抓住乡村振兴的机会，继续加强村党支部建设，带领全村发展集体经济和生态旅游。积极打造"一村一品"，最终达到"村村有产业，家家有分红"。

"上车前，总书记对大家说，你们做得都不错，再接再厉。这既是对我们过去的肯定，更是对我们未来的鞭策。"洪义乾说，牢记总书记的嘱托，践行产业带动乡村振兴的发展道路，施茶村一定会更上一层楼，老百姓的生活一定会更加幸福。

褐色的火山石上，石斛花开正艳。

这是一个充满希望的春天，也是一个需要勤劳耕耘的春天。海南，定不负大好春光！

（《海南日报》2018 年 4 月 14 日 记者 周 元 彭青林 罗 霞 林诗婷 孙 婧 尤梦瑜 王玉洁 计思佳 徐慧玲 李 磊 丁 平 杜 颖）

回访总书记考察足迹

（一）博鳌乐城医疗旅游先行区 "健康中国" 的先行之路

（二）三亚南繁 "稻花香里说丰年"

（三）海洋强国 志向深海 勇往直前

（四）乘势而上勇立潮头 改革开放再出发

（五）心中有 "数" 智慧治理服务民生

（六）石头缝上长 "仙草" 乡村振兴靠产业

高举改革开放旗帜 把握重大发展机遇
争创新时代中国特色社会主义生动范例

海南日报社论

这是注定被历史铭记的重要时刻！这是注定被铸入丰碑的崭新起点！

4月13日，习近平总书记出席庆祝海南建省办经济特区30周年大会并发表重要讲话。他强调，在决胜全面建成小康社会、夺取新时代中国特色社会主义伟大胜利的征程上，经济特区不仅要继续办下去，而且要办得更好、办出水平。经济特区要不忘初心、牢记使命，把握好新的战略定位，继续成为改革开放的重要窗口、改革开放的试验平台、改革开放的开拓者、改革开放的实干家。海南要高举改革开放旗帜，创新思路、凝聚力量、突出特色、增创优势，努力成为新时代全面深化改革开放的新标杆，形成更高层次改革开放新格局。习总书记铿锵有力、饱含深情的声音，不时被全场热烈的掌声打断。特别是当总书记宣布党中央支持海南建设自由贸易试验区和中国特色自由贸易港时，全场响起雷鸣般的掌声，久久不息。

习近平总书记亲临庆祝海南建省办经济特区 30 周年大会，并在大会上宣布赋予海南经济特区更加开放的优惠政策，充分体现了习近平总书记对海南经济特区发展的亲切关怀和殷殷厚望，充分体现了以习近平同志为核心的党中央对海南经济特区发展的高度重视和大力支持。总书记在讲话中充分肯定了海南等 5 个经济特区为全国改革开放和社会主义现代化建设作出的重大贡献，充分肯定了海南建省办经济特区 30 年发展建设所取得的重大成就，并对海南经济特区在新时代新起点上的改革开放赋予了新的重大责任和使命，提出了更高的目标和要求。习近平总书记的讲话，高屋建瓴，内容丰富，内涵深刻，意义重大，为海南经济特区进一步全面深化改革开放，争创新时代中国特色社会主义生动范例提供了根本遵循。

海南建省办经济特区，是 30 年前在小平同志的亲切关怀下，党中央作出的一项重大决策。30 年来，在党中央坚强领导和全国大力支持下，海南经济特区坚持锐意改革，勇于突破传统经济体制束缚，经济社会发展取得了令人瞩目的成绩。经过 30 年不懈努力，海南已从一个边陲海岛发展成为我国改革开放的重要窗口。海南经济特区是我国经济特区的一个生动缩影，海南经济特区取得的成就是改革开放以来我国实现历史性变革、取得历史性成就的一个生动缩影。海南经济特区的成功实践，充分证明党中央关于海南建省办经济特区的战略决策是完全正确的，充分证明以习近平同志为核心的党中央对海南发展的部署和要求是完全正确的，充分证明中国特色社会主义具有巨大优越性和强大生命力。

30 年前，海南因改革开放而生；30 年来，海南因改革开放而兴。30 年的发展实践证明，改革开放始终是海南经济特区不断发展壮大的"关键一招"。争创新时代中国特色社会主义生动范例，要求我们必须继续弘扬敢闯敢试、敢为人先、埋头苦干的特区精神，进一步全面深化改革开放。在新时代新征程中，我们要坚持开放为先，实行更加积极主动的开放战略，加快建立开放型经济新体制，推动形成全面开放新格局。要站在更高起点谋划和推进改革，下大气力破除体制机制弊端，不断解放和发展社会生产力。要坚决贯彻新发展理念，建设现代化经济体系，在推动经济高质量发展方面走在全国前列。要牢固树立和全面践行绿水青山就是金山银山的理念，在生态文明体制改革上先行一步，为全国生态文明建设作出表率。要坚持以人民为中心的发展思想，不断满足人民日益增长的美好生活需要，让改革发展成果更多更公平惠及人民。要坚持和加强党的全面领导，确保全面深化改革开放正确方向。我们要以"钉钉子精神"，牢牢抓住改革开放这根海南经济特区发展的生命线，努力使海南成为新时代全面深化改革开放的新标杆。

历史从不眷顾因循守旧、满足现状者，机遇属于勇于创新、永不自满者。站在新时代的新起点上，面对习总书记的嘱托和厚望，肩负党中央赋予的新责任、新使命，面临新的重大历史机遇，我们要不忘初心、牢记使命，以"功成不必在我"的精神境界和"功成必定有我"的历史担当，抓住机遇，乘势而上，奋发有为，锐意进取，全面贯彻党的十九大精神，全面贯彻习总书记在庆祝海南建省办经济特区30周年大会上的重要讲话精神，以习近平新时代中国特色社会主义思想为指导，发挥自身优势，大胆探索创新，大力建设自由贸易试验区和中国特色自由贸易港，着力打造全面深化改革开放试验区、国家生态文明试验区、国际旅游消费中心、国家重大战略服务保障区，争创新时代中国特色社会主义生动范例，让海南成为展示中国风范、中国气派、中国形象的靓丽名片！

（《海南日报》2018 年 4 月 14 日）

视频索引

组　　稿:张振明

责任编辑:李源正

装帧设计:胡欣欣

责任校对:张　彦

图书在版编目(CIP)数据

海南建省办经济特区 30 周年特辑/中共海南省委宣传部 编.—北京:
　人民出版社,2018.8
ISBN 978－7－01－019727－2

Ⅰ.①海…　Ⅱ.①中…　Ⅲ.①社会主义建设成就–海南
　Ⅳ.①D619.66

中国版本图书馆 CIP 数据核字(2018)第 195789 号

海南建省办经济特区 30 周年特辑

HAINAN JIANSHENG BAN JINGJI TEQU 30 ZHOUNIAN TEJI

中共海南省委宣传部　编

人民出版社 出版发行

(100706　北京市东城区隆福寺街 99 号)

中煤(北京)印务有限公司印刷　新华书店经销

2018 年 8 月第 1 版　2018 年 8 月北京第 1 次印刷

开本:710 毫米×1000 毫米 1/16　印张:12.25

字数:112 千字

ISBN 978－7－01－019727－2　定价:25.00 元

邮购地址 100706　北京市东城区隆福寺街 99 号

人民东方图书销售中心　电话 (010)65250042　65289539